U0505174

总体国家安全观普及丛书

GUOJIA SHEHUI ANQUAN ZHISHI BAIWEN

国家社会安全知识

本书编写组

前　言

习近平总书记提出的总体国家安全观立意高远、思想深刻、内涵丰富，既见之于习近平总书记关于国家安全的一系列重要论述，也体现在党的十八大以来国家安全领域的具体实践。总体国家安全观的关键是"总体"，强调"大安全"理念，涵盖政治、军事、国土、经济、文化、社会、科技、网络、生态、资源、核、海外利益、太空、深海、极地、生物等诸多领域，而且将随着社会发展不断拓展。党的二十大报告指出，必须坚定不移贯彻总体国家安全观，把维护国家安全贯穿党和国家工作各方面全过程；提高各级领导干部统筹发展和安全能力，增强全民国家安全意识和素养。二十届中央国家安全委员会第一次会议，审议通过了《关于全面加强国家安全教育的意见》。为推动学习贯彻总体国家安全观走深走实，在第十个全民国家安全教育日到来之际，中央有关部门在组织编写科技、文化、金融、生物、生态、核、数据、海外利益、人工智能、经济、深海、极地等重点领域国家安全普及读本基础上，又组织编写了第五批国家安全普及读本，涵盖社会安全、网络安全、太空安全3个领域。

读本采取知识普及与重点讲解相结合的形式，内容准确权威、简明扼要、务实管用。读本始终聚焦总体国家安全观，准确把握党中央最新精神，全面反映国家安全形势新变化，紧贴重点领域国家安全工作实际，并兼顾实用性与可读性，插配了图片、图示和视频、资料二维码，对于普及总体国家安全观教育和提高公民"大安全"意识，很有帮助。

总体国家安全观普及读本编委会

2025年4月

C目录
ONTENTS

篇 一
★ 社会安全是国家安全的重要保障 ★

篇 二

★ 全方位维护社会安全稳定 ★

目 录
CONTENTS

目　录
CONTENTS

篇 三

★ 积极建设更高水平平安中国 ★

目 录
CONTENTS

篇一

社会安全是国家安全的重要保障

什么是社会安全？与国家安全是什么关系？

　　社会安全是指社会公共秩序安定，人民群众生命财产安全，不受治安刑事、暴力恐怖等违法犯罪行为，以及群体性事件和自然灾害、事故灾难、公共卫生等突发事件威胁的状态，是社会稳定的前提和基础。维护和保障社会安全，涉及社会治安防控、公共安全保障、矛盾纠纷化解、社会治理服务等多个方面，与人民群众切身利益息息相关。

社会安全是国家安全的重要内容。总体国家安全观提出"要以人民安全为宗旨，以政治安全为根本，以经济安全为基础，以军事、科技、文化、社会安全为保障，以促进国际安全为依托"。

中国是全世界最安全的国家之一吗？

新中国成立特别是改革开放以来，我国创造了经济快速发展和社会长期稳定"两大奇迹"。我国是世界上命案发案率最低、刑事犯罪率最低、枪爆案件最少的国家之一，全国连续多年未发生暴恐案事件。国家统计局调查显示，2020 年至 2023 年全国群众安全感连续 4 年保持在 98% 以上的高水平。国际社会普遍认为，中国是世界上最安全的国家之一。

> **延伸阅读**
>
> 2023 年，中国每十万人命案发生数为 0.46 起；

瑞典每十万人命案发生数为 1.15 起；法国每十万人命案发生数为 1.51 起（按 6700 万总人口计）；美国每十万人命案发生数为 5.7 起；2022 年 7 月 1 日至 2023 年 6 月 30 日，澳大利亚每十万人命案发生数为 0.87 起。据我国国家统计局数据，全国群众安全感 2020 年达 98.4%，2021 年达 98.62%，2022 年达 98.15%，2023 年达 98.2%。

为什么说维护社会安全稳定是全社会的共同责任？

社会安全稳定事关每一位社会成员的切身利益，是全体人民的共同福祉，也需要依靠全体人民来共同维护。

党的二十大报告指出："国家安全是民族复兴的根基，社会稳定是国家强盛的前提。"维护社会安全稳定是续写"两大奇迹"新篇章、有效满足人民日益增长的美好生活需要的必然举措，是服务保障以中国式现代化全面推进强国建设、民族复兴伟业的内在要求。只有不断提升维护社会安全稳定能力，才能使人民群众获得感幸福感安全感更加充实、更有保障、更可持续。

维护社会安全稳定是一项系统性工程，涉及各行各业、方方面面，只有各方各负其责、协同配合，才能形成合力，维护好社会安全稳定。这就需要党委、政府、部门、单位和社会力量共同参与，依法依规发挥好各自功能和作用。每一位社会成员既是维护自身

党的二十大报告指出，国家安全是民族复兴的根基，社会稳定是国家强盛的前提

安全的第一责任人，又是社会安全稳定的建设者和推动者，应当强化法治思维、提升安全意识，在依法维护好自身安全的同时，共同守护好社会安全稳定。

 如何在维护社会安全稳定中贯彻总体国家安全观?

在维护社会安全稳定中贯彻总体国家安全观，一要准确把握总体国家安全观的核心要义。其中，"坚持党对国家安全工作的绝对领导"是"根"和"魂"。必须始终坚持党对社会安全稳定工作的集中统一领导，不折不扣把党中央关于社会安全稳定工作的各项决策部署落到实处。二要准确把握总体国家安全观的大安全理念。坚持总体为要，注重从整体视角认识社会安全和其他领域安全的关系，以及社会安全内各领域安全问题的多样性、关联性和动态性，筑牢各方面安全底线。三要准确把握总体国家安全观的原则方法。把科学统筹作为维护社会安全稳定的重要原则和基本方法。一方面，注重社会安全稳定工作与经济社会发展各项工作的协同性，做到一起谋划、一起部署；另一方面，统筹抓好社会安全相关各领域安全，推动各方面工作协调同步，有效防范各类风险传导、叠加。

> **相关知识**

　　总体国家安全观的核心要义，集中体现为"十个坚持"：坚持党对国家安全工作的绝对领导，坚持中国特色国家安全道路，坚持以人民安全为宗旨，坚持统筹发展和安全，坚持把政治安全放在首要位置，坚持统筹推进各领域安全，坚持把防范化解国家安全风险摆在突出位置，坚持推进国际共同安全，坚持推进国家安全体系和能力现代化，坚持加强国家安全干部队伍建设。

5　维护社会安全稳定应当坚持什么样的指导思想？

　　维护社会安全稳定应当坚持以习近平新时代中国

特色社会主义思想为指导，深入贯彻习近平法治思想，全面贯彻总体国家安全观，坚持以人民为中心，以政治安全为根本，统筹发展和安全，充分发挥党总揽全局、协调各方的领导核心作用，严格落实各层级各部门维护社会安全稳定责任，坚持和发展新时代"枫桥经验"，坚持运用法治思维和法治方式，主动维护和塑造社会安全稳定态势，从源头上预防化解社会安全稳定风险，依法妥善应对处置各类影响社会安全稳定的案事件，确保人民安居乐业、社会安定有序、国家长治久安。

为什么在维护社会安全稳定中必须坚持法治思维、法治方式？

　　法治具有固根本、稳预期、利长远的保障作用，是治国理政的基本方式，也是防范化解重大风险、维护社会安全稳定的根本途径。习近平总书记指出，国际国内环境越是复杂，改革开放和社会主义现代化建设任务越是繁重，越要运用法治思维和法治手段巩固执政地位、改善执政方式、提高执政能力，保证党和国家长治久安。在维护社会安全稳定中坚持法治思维、法治方式是建设中国特色社会主义法治体系，建设社会主义法治国家的应有之义，是确保维护社会安全稳定工作在法治轨道上运行的必然要求。

❯ 重要论述

　　2020年11月16日，习近平总书记在中央全面依法治国工作会议上强调："要坚持依法治国、依法执政、依法行政共同推进，法治国家、法治政府、法治社会一体建设。全面依法治国是一个系统工程，要整体谋划，更加注重系统性、整体性、协同性。法治政府建设是重点任务和主体工程，要率先突破，用法治给行政权力定规矩、划界限，规范行政决策程序，加快转变政府职能。要推进严格规范公正文明执法，提高司法公信力。普法工作要在针对性和实效性上下功夫，特别是要加强青少年法治教育，不断提升全体公民法治意识和法治素养。要完善预防性法律制度，坚持和发展新时代'枫桥经验'，促进社会和谐稳定。"

怎么运用法治思维、法治方式维护社会安全稳定？

运用法治思维、法治方式维护社会安全稳定，一是善于通过科学立法解决新问题。紧紧围绕重点领域、新兴领域、涉外领域，不断完善中国特色社会主义法律体系，以良法促进发展、保障善治。二是善于通过严格执法解决现实问题。既要坚决依法惩治挑战法律权威、挑衅公共秩序、侵犯人民利益等违法犯罪行为，又要坚持源头治理、前端处理，加强社会治安整体防控体系建设。三是善于通过公正司法维护社会公平正义。强化对司法活动的制约监督，推进公正司法，让人民群众切实感受到公平正义就在身边。四是善于通过推进全民守法夯实社会安全稳定基础。建设覆盖城乡的法律服务体系，提升全民法治素养，形成办事依法、遇事找法、解决问题用法、化解矛盾靠法的良好氛围。各级领导干部自觉带头尊法学法守法用法，坚持运用法治思维和法治方式解决问题，群众就会习惯于依法理性表达诉求，法治就能成为全社会的自觉行动。

 如何统筹社会发展与社会安全？

发展与安全如鸟之两翼、车之双轮，二者相互促进、缺一不可，必须动态平衡、相得益彰。新时代，必须坚持高质量发展和高水平安全良性互动，以高质量发展促进高水平安全，以高水平安全保障高质量发展。一方面，善于运用社会发展成果夯实安全稳定的根基。在不断推动社会发展中凝聚共识、汇聚力量、完善制度、优化环境，为社会安全稳定提供基础和条件。另一方面，大力强化经济社会发展的安全保障。深入推进社会安全思路、机制、手段创新，着力防范化解重大风险，以新安全格局保障新发展格局，努力实现更高质量、更有效率、更加公平、更可持续、更为安全的发展。

> **延伸阅读**

　　党的二十届三中全会通过的《中共中央关于进一步全面深化改革、推进中国式现代化的决定》提出了"六个坚持"原则，其中包括"坚持系统观念，处理好经济和社会、政府和市场、效率和公平、活力和秩序、发展和安全等重大关系，增强改革系统性、整体性、协同性"。

9 维护社会安全稳定与维护群众权益是什么关系？

　　维护社会安全稳定是维护群众权益的基础和保障，维护群众权益是维护社会安全稳定的主旨和目标。说到底，维稳的实质是维权。古话说，"治理之道，莫要于安民；安民之道，在于察其疾苦"。单纯维护社会安全稳定，不解决群众具体利益问题，是治标不治本，结果往往是"按下葫芦浮起瓢"，久而久之还会陷入"越维越不稳"的怪圈。只有把群众合理合法的利益诉求解决好，让群众安居乐业，社会才能真正安全稳定，国家才能长治久安。处理好维护社会安全稳定与维护群众权益的关系，关键是要处理好个人和集体、局部和全局、当前和长远的关系，根本途径在于厉行法治。

》重要论述

2014年1月7日，习近平总书记在中央政法工作会议上强调："要处理好维稳和维权的关系，要把群众合理合法的利益诉求解决好，完善对维护群众切身利益具有重大作用的制度，强化法律在化解矛盾中的权威地位，使群众由衷感到权益受到了公平对待、利益得到了有效维护。"

维护社会安全稳定应当形成
什么样的工作格局？

维护社会安全稳定，应当坚持党委领导、政府负责、党委政法委员会组织协调、部门各司其职、单位各负其责、社会力量共同参与的工作格局。以各司其职、齐抓共管，汇聚起强大工作合力，保证党中央关于防范化解重大风险、维护社会稳定各项决策部署的贯彻落实，确保各项工作有序有效推进。

维护社会安全稳定应建立
什么样的工作机制？

新时代应对重大风险挑战，维护社会安全稳定，应当健全完善五项工作机制。一是风险分析研判机制。全面收集掌握信息动态，常态化开展分析研判，及时监测预警风险隐患，研究制定应对措施。二是风险评估机制。把社会稳定风险评估作为重大决策必经程序，规范评估范围和内容，明确评估主体、方式和程序，加强评估结果运用和决策实施跟踪。三是风险隐患排查化解机制。推进矛盾纠纷化解和信访工作法治化，全面深入排查风险隐患，明确防范化解责任主体及应对措施，及时就地解决利益诉求问题。四是案事件应急处置机制。健全各负其责、协同处置的应急处置体系，构建实战化、扁平化、合成化应急处置模式，同步做好依法办理、舆论引导、秩序管控工作，有效遏制风险隐患传导演变。五是风险防控协同机制。坚持部门协同、区域联动，推进信息联通、矛盾联调、风险联控、事件联处、问题联治，防止形成全局性、系统性风险。

12 地方党委政府在维护社会安全稳定中应负什么责任？

地方党委政府坚持"属地管理、分级负责、抓早抓小"，全面负责本地区维护社会安全稳定工作，履行下列职责：

（1）贯彻执行党中央关于维护社会安全稳定工作的方针政策和决策部署；

（2）把维护社会安全稳定工作纳入经济社会发展总体规划，纳入党委和政府领导班子职责清单；

（3）加强维护社会安全稳定工作法治建设、基层基础建设、力量建设，强化科技支撑和工作保障；

（4）完善社会安全稳定风险防控体系，建立健全协调联动机制，依法防范化解和妥善处置社会安全稳定风险；

（5）指导基层组织依靠和动员基层一线力量，整合各方资源，开展矛盾风险群防群治；

（6）本地区其他维护社会安全稳定工作职责。

> **重要论述**

　　2019年1月21日，习近平总书记在省部级主要领导干部坚持底线思维着力防范化解重大风险专题研讨班开班式上指出："防范化解重大风险，是各级党委、政府和领导干部的政治职责，大家要坚持守土有责、守土尽责，把防范化解重大风险工作做实做细做好。"

13 行业领域主管监管部门在维护社会安全稳定中应负什么责任？

行业领域主管监管部门坚持"谁主管谁负责，管行业必须管安全稳定，管业务必须管矛盾风险"，全面负责本系统、本行业维护社会安全稳定工作，履行下列职责：

（1）在制定行业规划、推动行业发展、实施行业建设、加强行业管理过程中，统筹推进行业安全稳定工作，全周期全链条防控风险；

（2）建立健全本系统、本行业风险防控机制，及时排查整治社会安全稳定风险隐患；

（3）督促主管监管对象加强合规建设、落实风险防控责任，及时发现、化解处置社会安全稳定风险隐患；

（4）本系统、本行业其他维护社会安全稳定工作职责。

14　单位在维护社会安全稳定中应负什么责任？

国家机关、人民团体、国有企事业单位对本单位安全稳定负主体责任，履行下列职责：

（一）把风险防控要求贯穿工作运行各环节，及时排查化解处置单位内部风险隐患；

（二）开展法治宣传教育，建立健全诉求表达及权益维护机制，维护职工和从业人员合法权益；

（三）本单位发生影响社会安全稳定案事件后，第一时间主动做好政策解读、教育疏导、秩序维护、善后处置等相关工作，并向属地党委和政府报告；

（四）本单位其他维护社会安全稳定工作职责。

15 为什么说社会力量在维护社会安全稳定中具有重要作用？

　　社会组织、社会工作者、社会志愿者等社会力量是国家治理体系的有机组成部分，是社会治理的重要主体。这些社会力量在供给公共服务、把握风险隐患、化解矛盾纠纷、强化治安防控、提供应急救援等方面具有独特优势。社会力量参与维护社会安全稳定，与政府机构形成优势互补，有利于凝聚广泛共识、促进科学决策、激发社会活力，更加灵活有效地应对各种社会风险挑战。新时代维护社会安全稳定，必须健全完善社会力量参与的制度保障，发挥好社会力量不可替代的作用。

> **❯ 重要论述**

　　2015年5月29日，习近平总书记在十八届中央政治局第二十三次集体学习时指出："公众参与对维护公共安全、应对和预防安全风险非常关键。要坚持群众观点和群众路线，拓展人民群众参与公共安全治理的有效途径。要把公共安全教育纳入国民教育和精神文明建设体系，推动安全教育进企业、进农村、进社区、进学校、进家庭，加强安全公益宣传，健全公共安全社会心理干预体系，积极引导社会舆论和公众情绪，动员全社会的力量来维护公共安全。"

16 为什么要开展重大决策社会稳定风险评估？

重大决策社会稳定风险评估，是指决策主体通过全面系统地听取意见、分析论证等，对重大决策合法性、合理性、可行性和可控性进行评估，梳理可能引发的各类社会矛盾风险，并对存在高中风险的事项不予实施或暂缓实施，待采取针对措施有效防范化解后再实施。凡是直接关系人民群众切身利益且对社会安全稳定可能造成较大影响的重大决策事项，党政机关作出决策前应当进行社会稳定风险评估，有利于从源头上防范化解社会矛盾风险、保障重大决策顺利实施、服务改革发展稳定大局和维护人民群众合法权益。在试行的基础上，从 2022 年开始，社会稳定风险评估作为重大决策必经程序形成刚性制度，应评尽评进一步落实，稳评质量不断提升，守好了维护社会安全稳定的前端防线。

我国维护社会安全稳定主要有哪些法律制度？

我国维护社会安全稳定的法律制度包括《中华人民共和国国家安全法》《中华人民共和国刑法》《中华人民共和国人民调解法》《中华人民共和国行政复议法》《中华人民共和国突发事件应对法》《中华人民共和国治安管理处罚法》等法律，《中华人民共和国行政复议法实施条例》《企业事业单位内部治安保卫条

例》《保安服务管理条例》《大型群众性活动安全管理
条例》等行政法规。

 维护社会安全稳定为什么要健全社会治理体系？

　　当前，我国高质量发展扎实推进，但仍面临发展
中的困难、前进中的问题、成长中的烦恼，需要应对
的风险挑战、解决的矛盾问题比以往更加严峻复杂，
维护国家安全和社会稳定的任务更加艰巨繁重。健全
社会治理体系是维护社会稳定、确保国家安全更为巩
固的基础性工作。只有健全社会治理体系，完善党对
社会治理全面领导的体制机制，坚持和发展新时代
"枫桥经验"，加强党建引领基层治理，坚持标本兼
治、关口前移，完善风险防控机制，建立健全风险研
判机制、决策风险评估机制、风险防控协同机制、风
险防控责任机制，不断提升预测预警预防能力，才能
最大限度减少风险隐患，更好维护社会大局稳定。

19 我国社会治理体系是什么样的？

　　社会治理是国家治理的重要组成部分。我国推进社会治理，依靠的是党委领导、政府负责、民主协商、社会协同、公众参与、法治保障、科技支撑的社会治理体系。习近平总书记在党的二十大报告中强调"建设人人有责、人人尽责、人人享有的社会治理共同体"。党的二十届三中全会提出"完善共建共治共享的社会治理制度"。贯彻落实新时代加强和创新社会治理的目标任务，将进一步提升社会治理效能，以社会治理现代化助推国家治理体系和治理能力现代化。

> ❯ 重要论述

　　2019 年 10 月 31 日，习近平总书记在党的十九届四中全会第二次全体会议上指出："我国国家制度和国家治理体系之所以具有多方面的显著优势，很重要的一点就在于我们党在长期实践探索中，坚持把马克思主义基本原理同中国具体实际相结合，把开拓正确道路、发展科学理论、建设有效制度有机统一起来，用中国化的马克思主义、发展着的马克思主义指导国家制度和国家治理体系建设，不断深化对共产党执政规律、社会主义建设规律、人类社会发展规律的认识，及时把成功的实践经验转化为制度成果，使我国国家制度和国家治理体系既体现了科学社会主义基本原则，又具有鲜明的中国特色、民族特色、时代特色。"

我国公共安全治理机制是什么样的？

　　公共安全治理机制是指国家和社会为维护公共安全，预防和应对各类安全风险，采取的一系列组织架构、法律法规、政策措施和行动流程的集合。我国应急管理部门、公安机关、国家安全机关、卫生健康部门等专门机构，在各自职权范围内依法依规开展公共安全的日常管理和突发事件应对。通过风险评估、隐患排查、安全检查等方式，提前发现和消除可能导致公共安全事件的风险因素。通过预警发布、应急指挥、救援力量调度、物资保障、信息报告机制，有效开展应急响应。通过对公共安全事件中的失职渎职行为进行追责，确保公共安全治理机制的严肃性和有效性。通过学校教育、职业培训、社会宣传等方式，增强公众的安全意识和自救互救能力。国家鼓励和引导企事业单位、社会组织和公民个人参与公共安全治理。

维护社会安全稳定为什么要坚持和发展新时代"枫桥经验"?

新时代"枫桥经验"是习近平新时代中国特色社会主义思想在平安中国建设领域的生动实践，是全国政法战线一面高高飘扬的旗帜。党的二十届三中全会对坚持和发展新时代"枫桥经验"提出明确要求。新时代"枫桥经验"处理的是人民内部矛盾，目的是更好解决群众合理合法利益诉求。在工作手段上以协商调解为基本方式，充分发挥法律定分止争的作用，注重在法治轨道上平衡社会利益、调节社会关系、规范社会行为。只有深入学习贯彻习近平法治思想，牢牢把握新时代"枫桥经验"的实践要求，切实做到预防在前、调解优先、运用法治、就地解决，才能够不断筑牢维护国家安全和社会稳定的根基。

> ❯ 相关知识

20世纪60年代初，浙江诸暨枫桥干部群众在社会主义教育运动中，创造了"发动和依靠群众，坚持矛盾不上交，就地解决，实现捕人少、治安好"的"枫桥经验"。党的十八大以来，"枫桥经验"在理论和实践上得到全面创新发展，形成了新时代"枫桥经验"。其科学内涵是：坚持和贯彻党的群众路线，在党的领导下，充分发动群众、组织群众、依靠群众解决群众自己的事情，做到"小事不出村、大事不出镇、矛盾不上交"。

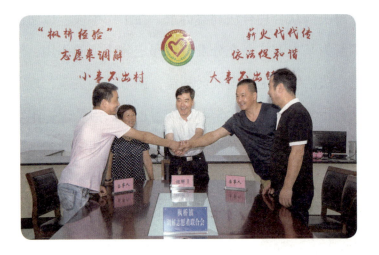

为什么要常态化开展扫黑除恶？

　　社会稳定是国家强盛的前提。在中国式现代化新征程上，越是接近中华民族伟大复兴的目标，面临的矛盾问题和风险挑战就会越多。历史和现实一再警示，黑恶势力不仅仅是治安问题，更是事关治乱兴衰的重大政治、社会问题。在市场经济条件下，黑恶势力的滋生仍然拥有一定的"组织基础""经济基础""社会基础"，黑恶犯罪苗头性、倾向性问题仍然多发，呈现从"网下"向"网上"、"显性"向"隐性"、"硬暴力"向"软暴力"、"传统领域"向"新兴行业"转变，彻底铲除黑恶势力是一项长期艰巨的任务。面对黑恶势力违法犯罪新形势、新挑战，需要坚持问题导向，不断完善扫黑除恶的思路、重点、举措，着力扬优势、补短板、强弱项，推进扫黑除恶常态化走深走实，努力取得党和人民满意的新成效。

> **相关知识**

2021 年 12 月 24 日，十三届全国人大常委会第三十二次会议通过《中华人民共和国反有组织犯罪法》，自 2022 年 5 月 1 日起施行。反有组织犯罪法系统总结扫黑除恶专项斗争实践经验，为常态化开展扫黑除恶工作提供法治保障。

23 综治中心是干什么的？如何发挥好它的重要作用？

《中国共产党政法工作条例》明确："省、市、县、乡镇（街道）社会治安综合治理中心是整合社会治理资源、创新社会治理方式的重要工作平台，由同级党委政法委员会和乡镇（街道）政法委员负责工作统筹、政策指导。"2020 年 3 月，习近平总书记在浙江考察时强调，"要完善社会矛盾纠纷多元预防调处化解综合机制，把党员、干部下访和群众上访结合起来，把群众矛盾纠纷调处化解工作规范起来，让老百姓遇到问题能有地方'找个说法'，切实把矛盾解决在萌芽状态、化解在基层"，科学指明了综治中心的建设方向。当前，要充分发挥各级综治中心优势作用，进一步畅通规范群众诉求表达、利益协调和权益保障机制，积极回应人民群众对民主、法治、公平、正义、安全、环境等方面的新要求新期待，真正把工作做到老百姓心坎上，不断增强人民群众获得感、幸福感、安全感。

篇二

全方位维护社会安全稳定

食品安全有哪些法律制度？
国家如何保障食品安全？

　　我国现行食品安全法律制度分为国家法律、行政法规、部门规章、地方性法规，主要包括《中华人民共和国食品安全法》《中华人民共和国食品安全法实施条例》等法律法规，以及《食品生产许可管理办法》《食品经营许可和备案管理办法》《食品生产经营监督检查管理办法》《食品召回管理办法》《网络食品安全违法行为查处办法》等部门规章。各省（区、市）均出台食品安全地方性法规，初步形成了以食品安全法为核心、配套法规规章为支撑的食品安全法律体系，食品安全工作全面纳入法治轨道。

　　食品安全问题链条长、触点多、燃点低，具有成因复杂多变、风险危害严重、违法行为隐蔽等特点，党中央、国务院对此高度重视。国务院成立食品安全委员会，依法承担食品安全统筹协调职能，推动构建起以分段监管为主、品种监管为辅的食品安全综合监管体制，确立了卫生健康行政部门负责食品安全标准管理和风险监测评估、农业农村部门负责源头监管、海关负责进出口监管、市场监管部门负责生产经营环节监管、公安机关负责打击违法犯罪等全链条权责明晰的监管体系。各地各部门共同推进落实党中央、国务院关于食品安全的决策部署，切实维护人民群众"舌尖上的安全"。

> **延伸阅读**
>
> 　　食品安全抽样检验是《中华人民共和国食品安全法》确定的一项食品安全监管制度。市场监管总局依据食品安全法有关规定，组织制定全国食品安全抽检监测计划，持续对在国内市场上销售的食品按照法定程序和食品安全标准等规定开展定期或不定期的抽样检验。对抽检发现的不合格食品，及时开展核查处置，防控食品安全风险。定期分析食品安全抽样检验数据，加强食品安全风险预警。
>
> 　　食品安全国家标准由国务院卫生行政部门会同国务院食品安全监督管理部门制定、公布。对可能掺杂掺假的食品，国务院食品安全监督管理部门可

以制定补充检验项目和检验方法，用于对食品的抽样检验、食品安全案件调查处理和食品安全事故处置。国务院食品安全监督管理部门会同国务院卫生行政等部门根据食源性疾病信息、食品安全风险监测信息和监督信息等，对发现的添加或者可能添加到食品中的非食品用化学物质和其他可能危害人体健康的物质，制定名录及检测方法并予以公布。

 我国是如何保护消费者权益的？

党中央、国务院高度关心消费者权益保护工作，多次要求改善消费环境，强化消费者权益保护，让广大群众放心、安全消费。我国统筹有效市场和有为政府、源头治理和事后救济，构建经营者守法、行业自律、消费者参与、政府监管和社会监督相结合的消费环境共治体系。以"放心消费""无理由退货"和执法护民"铁拳"为牵引，优化消费环境，预防和化解消费纠纷；不断健全以《中华人民共和国消费者权益保护法》为核心的消费维权法律体系，提供强有力法治保障；推动完善消费投诉处理体系，建立以12315消费投诉平台为依托的投诉公示制度，推广应用在线消费纠纷和解机制，支持消费纠纷多元化解，提升消费者满意度。此外，国家还加强反垄断监管执法，营造公平竞争市场环境，保障消费者自由选择权和公平交易权等合法权益。

26 如何健全平台经济常态化监管制度？

互联网平台经济是生产力新的组织方式，是经济发展新动能。促进平台经济规范健康发展，要坚持监管规范和促进发展并重，创新监管理念和方式，推动建立健全适应平台经济发展特点的常态化监管制度，着力营造公平竞争市场环境。

PIANER QUANFANGWEI WEIHU SHEHUI ANQUAN WENDING

　　一是夯实网络交易法治监管保障。推动修订《中华人民共和国电子商务法》，研究制定《网络交易平台规则监督管理办法》《直播电商监督管理办法》，出台《自然人网店管理规范》，以公平公开的规则、公正透明的制度，为平台经济发展提供稳定可预期的制度环境。二是提升网络交易平台合规水平。落实平台合规管理主体责任，指导平台企业增强合规能力，提升行业自治水平。三是推进跨部门、跨层级、跨地域协同监管，推进综合监管和行业监管相结合，形成协同共治合力。四是推进国家网监平台建设，建立监测数据分析利用机制，综合强化网络交易智慧监管能力。五是健全平台经济反垄断常态化监管制度。完善平台经济领域竞争监管法律法规体系。

❯ 延伸阅读

　　目前，我国已经形成以1部《中华人民共和国反垄断法》、2部行政法规、9部反垄断指南、7部部门规章为主的反垄断制度规则体系，有力保障平台经济规范发展。2021年以来，反垄断执法机构查办了一批重大典型垄断案件，并发挥案件查办的警示和示范作用，督导平台企业规范竞争行为、健全长效机制、完善平台治理规则，持续推动创新发展。健全与平台企业常态化沟通机制，向企业解读监管政策，回应企业诉求，听取企业意见建议，指导企业加强反垄断合规建设。

27 我国是如何开展广告监督管理的？

广告业是现代服务业和文化产业的重要组成部分，其规范健康运营事关社会安全稳定。市场监管等政府部门主要依据《中华人民共和国广告法》《互联网广告管理办法》等法律、法规和规章，开展广告监督工作。一是制定广告活动规范。二是开展日常监督检查。包括对广告经营主体和广告发布情况的日常监测、监管等。三是查处广告违法案件。涉嫌构成犯罪的，依法移送司法机关处理。四是拟订广告产业发展规划、政策并组织实施。

市场信用体系有什么功能，如何发挥作用？

市场信用体系是市场经济的重要组成部分。习近平总书记明确指出，社会主义市场经济是信用经济、法治经济。实践证明，完善的市场信用体系是供需有效衔接的重要保障，是资源优化配置的坚实基础，是良好营商环境的重要组成部分，对于提高资源配置效率、降低制度性交易成本、防范化解风险具有重要作用，能够有力支撑保障我国新发展格局的形成。

市场信用体系作用发挥，需要完善社会信用体系，推动信用信息公开和共享，健全守信联合激励和失信联合惩戒机制。通俗地讲，就是要将信用体系建设全面纳入法治轨道，规范各领域各环节信用措施，归集、整合、处理经营主体在经营活动中和市场监管部门监管过程中形成的各类信息资源，在统一的信息平台上，对经营主体的相关信息依法对外公示。同时，还需要充分调动各类主体积极性创造性，建立健全社会公众参与、经营主体自律、第三方评价、行政监管部门管理相配合的共治体系，实现市场监管与市场开放的辩证统一。

> ▶ **延伸阅读**
>
> 　　国家企业信用信息公示系统（以下简称公示系统）自 2017 年 12 月底建成以来，积极发挥经营主体信息归集、公示、共享功能，是企业信息公示制度实施的重要载体，实现了"一网归集、三方（经营主体、社会公众、政府）使用"的目标，为建设全国统一大市场、建立健全以信用为基础的新型监管机制提供了有力支撑。公示系统目前日均访问量已突破 1.31 亿人次，日均查询量超过 1600 万人次，已成为官方、权威、免费的经营主体信息查询平台，具有较强的公众服务能力和较高的社会认可度。
>
> 　　以下为公示系统 4 个二维码：

苹果 APP　　　安卓 APP　　　微信小程序　　　支付宝小程序

 如何理解网络空间安全对社会安全的保障作用？

　　网络空间安全在社会安全中具有至关重要的作用，是维护社会秩序、国家稳定和人民福祉的重要保障。在信息化和数字化高度发展的今天，网络已深度融入国家治理、社会运行和人民生活等方方面面。公共通信和信息服务、能源、交通、水利、金融、公共服务、电子政务、国防科技工业等重要行业和领域关键信息基础设施，是经济社会运行的神经中枢，一旦遭到破坏、丧失功能或者数据泄露，可能严重危害国家安全、国计民生、公共利益。互联网是信息传播的主要渠道，网络谣言、网络暴力以及极端思想的网上传播也可能加剧社会矛盾，影响人民正常工作生活和社会稳定。数据泄露、电信和金融诈骗等直接侵害公民权益，威胁社会和谐。建立健全网络空间安全保障体系，有效保障社会运行的稳定性、公共秩序的有序性以及公民信息和财产的安全性，是维护社会安全和国家长治久安的必要条件。

> **❯ 重要论述**

　　2018 年 4 月 20 日，习近平总书记在全国网络安全和信息化工作会议上指出："网络安全牵一发而动全身，深刻影响政治、经济、文化、社会、军事等各领域安全。没有网络安全就没有国家安全，就没有经济社会稳定运行，广大人民群众利益也难以得到保障。"

30　为什么要建设天朗气清的网络空间？

　　网络空间是人们生产生活的全新空间。当前，随着以人工智能、大数据、云计算、元宇宙等为代表的数字技术加速发展，网络空间和现实空间相互嵌入、相互影响越来越深刻。我国网民规模已突破 11 亿，无人不网、无时不网、无处不网的特征愈加鲜明。互联网给媒体格局和舆论生态带来深刻变革，成为意识形态斗争的主阵地、主战场、最前沿。与此同时，网上低俗文化、消极思想、不良风气仍然存在，拜金主义、享乐主义、极端个人主义等错误观点言论不时出现，侵蚀人们心灵、扰乱群众思想。坚持正能量是总要求、管得住是硬道理、用得好是真本事，推进文明办网、文明用网、文明上网，共建网上美好精神家园意义重大。

个人信息保护与社会安全有什么关系？

个人信息泄露严重侵害公民个人隐私，也会引发新型违法犯罪，危害社会安全。全国人大常委会法工委在说明《中华人民共和国反电信网络诈骗法》立法背景时介绍，近年来犯罪分子利用新型电信网络技术手段，钻管理上的漏洞，利用非法获取个人信息、网络黑灰产业交易等实施精准诈骗，组织化、链条化运作。不受节制的个人信息利用，使每个公民都成为数字时代的"透明人"，不仅个人隐私难以保障，也使我们每个人更容易成为违法犯罪分子的作案目标。可以说，个人信息保护事关人民群众的切身利益，对保障社会安全稳定具有基础性作用。

> **延伸阅读**

　　2021 年我国颁布了《中华人民共和国个人信息保护法》，共 8 章 74 条，明确了个人信息处理活动应遵循的原则，构建以"告知—同意"为核心的个人信息处理规则，保障个人在个人信息处理活动中的各项权利，强化个人信息处理者的义务，明确个人信息保护的监管职责，并设置严格的法律责任。

作为普通网民如何保护个人信息？

从个人信息到金融交易，个人信息的保护已经成为我们日常生活中不可忽视的重要部分。"网络安全为人民、网络安全靠人民"，网络安全不仅仅是技术专家和机构的责任，更需要每个人的积极参与。一是谨慎分享与点击。避免在不安全的网站上输入个人信息，不随意点击不明链接或下载可疑文件，学会识别和防范网络诈骗，保护个人数据不被盗用。二是启用多因素认证。了解如何设置社交媒体的隐私权限，增加社交账户的安全层次，防止未授权访问，降低个人信息泄露风险。三是使用国家网络身份认证 APP 认证个人身份。减少明文身份信息被采集留存，保护隐私安全。四是使用强密码。创建复杂、唯一的密码，定期更换，避免使用相同密码。五是加强软件防护。安装和更新杀毒软件，确保系统不被恶意软件攻击。

　　学习网络安全知识，提升自己的安全意识和技能，不仅能保护自己的数字生活，还能为营造一个更安全的网络环境贡献力量，让网络安全守护你我。一是关注官方信息。关注政府和主流媒体官方渠道，获取最权威的新闻、信息。二是积极参与活动。参加线上线下的安全活动，提高自己的安全意识和技能。三是传播安全知识。将学到的网络安全知识分享给身边的朋友和家人，帮助他们提高安全防护能力。

▶ 典型案例

2024年6月，吉林长春公安机关网安部门查明，王某某等人为牟取非法利益，通过伪造工商营业执照等方式，在网络招聘平台注册大量虚假公司账号，骗取求职者简历等公民个人信息 3 万余份，以每份 10 元的价格出售给境外电信网络诈骗团伙。电信网络诈骗团伙利用上述个人信息对其中 2 名受害人成功实施精准诈骗，造成财产损失 3 万元。

33 如何识别、应对网络谣言？利用网络造谣传谣是否会涉嫌违法犯罪？

网络谣言往往涉及与公众生活息息相关的领域，如民生政策、衣食住行、自然灾害、刑事案件、金融消费、教育考试等，易引起网民关注。谣言的来源不明确，通常以若干图片、视频等配上夸张标题，内容或荒诞或刺激，蛊惑性强。面对这些迷惑性强、传播范围广的信息，广大网民不要轻听轻信。一是看看相应的信息是否由官方部门发布，是否具有权威性；二是看看是否存在常识性错误或逻辑硬伤；三是看看评论区是否有网民提出合理质疑；四是看看信息是否存在夸大嫌疑，是否夸大了事件（事故）的影响；五是对认为内容存在重重疑点的信息，应当慎重转发。

利用网络造谣传谣是违法行为，应当根据行为的性质和情节、后果轻重，依法予以治安管理处罚或者刑事处罚。

> **延伸阅读**

《中华人民共和国治安管理处罚法》第二十五条第（一）项规定：散布谣言，谎报险情、疫情、警情或者以其他方法故意扰乱公共秩序的，处五日以上十日以下拘留，可以并处五百元以下罚款；情节较轻的，处五日以下拘留或者五百元以下罚款。

利用网络造谣传谣犯罪行为，可能涉及刑法规定的编造、故意传播虚假信息罪，诽谤罪，诬告陷害罪，寻衅滋事罪，损害商业信誉、商品声誉罪，编造并传播证券、期货交易虚假信息罪等。比如，《中华人民共和国刑法》第二百四十六条规定：以暴力或者其他方法公然侮辱他人或者捏造事实诽谤他人，情节严重的，处三年以下有期徒刑、拘役、管制或者剥夺政治权利。第二百九十一条之一第二款规定：编造虚假的险情、疫情、灾情、警情，在信息网络或者其他媒体上传播，或者明知是上述虚假信息，故意在信息网络或者其他媒体上传播，严重扰乱社会秩序的，处三年以下有期徒刑、拘役或者管制；造成严重后果的，处三年以上七年以下有期徒刑。

34 网络水军有哪些具体危害和表现？

网络水军有组织地煽动舆论、蹭炒热点，批量刷分控评、刷量增粉、刷榜拉票、刷单炒信、举报删帖，是诸多网络乱象的推手，是危害网络生态、扰乱市场秩序的顽症痼疾。网络水军主要手法有：组织在热点事件中蹭炒热点、散布谣言、吸引流量，炒作事件背后的"阴谋论"，挑起恐慌情绪等；利用榜单规则组织冲热搜、刷热评，通过批量发布无关内容沉降负面信息等；为公众账号、直播间刷转评赞，制造虚假人气；为商家店铺刷订单销量，杜撰虚假种草文章，营销不实口碑；通过"养号"为影视音乐作品刷高分、刷好评差评，为娱乐明星制造虚假粉丝量、互动量等。

网络水军隐蔽性强、影响恶劣，需要社会各界切实提高认识、共同开展治理工作。广大网民要注意甄别网上兼职招聘信息、保护个人身份信息和网络账号，避免被不法分子欺骗利用充当网络水军，导致人身财产受损。

实施网络水军活动是违法犯罪行为，可能涉及刑法规定的非法经营罪，虚假广告罪，侵犯公民个人信息罪，损害商业信誉、商品声誉罪，敲诈勒索罪等。

 如何防范生成式人工智能带来的
社会安全风险？

生成式人工智能的快速发展带来了虚假信息泛

滥、数据隐私泄露、伦理失范等社会安全风险，亟须构建技术、法律、伦理协同的治理体系，实现创新发展与安全可控的平衡。

一是完善法律监管框架。完善相关法律法规制度，明确生成内容标识义务、数据采集边界和主体责任。建立分类分级监管机制，加强医疗、金融等高风险领域安全管理，构建覆盖全生命周期的监管链条。

二是强化技术防控能力。研发深度伪造检测、内容水印嵌入等鉴别技术，提升 AI 生成内容的可识别性。开发伦理对齐算法，在模型训练中植入价值观约束，防止生成暴力、歧视性内容。构建动态风险评估系统，实时监测舆情风险点。

三是构建行业自律机制。制定负责任开发准则，落实算法备案与透明性要求。形成研发、部署、应用全流程安全评估制度，建立行业黑名单机制，对违规主体实施联合惩戒。

四是提升公众风险素养。加强科普教育，增强公民信息甄别能力与隐私保护意识。设立风险举报平台，完善社会监督渠道。加强媒体内容审核能力建设，建立权威信息辟谣机制。

 房地产交易过程中购房者的
资金安全如何保障？

　　我国在法律法规层面对购房者资金安全进行保障。对新建商品房，《中华人民共和国城市房地产管理法》第四十五条、《城市商品房预售管理办法》第十一条规定，商品房预售所得必须用于有关工程建

设。《城市商品房预售管理办法》第十四条规定，开
发企业不按规定使用商品房预售款项的，由房地产
管理部门责令纠正并可处罚款。对存量商品房交易，
《房地产经纪管理办法》第二十四条规定，房地产交
易当事人约定由房地产经纪机构代收代付交易资金
的，应当通过专用存款账户划转资金，交易资金的划
转应当经过房地产交易资金支付方和房地产经纪机构
的签字和盖章。第三十六条规定，房地产经纪机构擅
自划转客户交易结算资金的，由县级以上地方人民政
府建设（房地产）主管部门责令限期改正，取消网上
签约资格并处罚款。

 我国如何保障房屋交付质量?

　　房屋质量事关人民生命财产安全，事关人民群众
对美好生活的向往。党和国家高度重视房屋质量，通
过不断完善工程质量制度体系，切实加强工程质量监

管，为保障房屋交付质量提供了有力支撑。从法规制度体系看，陆续颁布《中华人民共和国建筑法》和《建设工程质量管理条例》，围绕"一法一条例"出台了工程质量监督、竣工验收备案、质量检测、质量保修 4 项部门规章，建立起从开工建设质量监督登记、过程质量监督、竣工验收及备案、质量保修等十余项质量管理制度。从质量责任体系看，建立了建设、勘察、设计、施工、监理五方主体及人员质量责任制度。其中，建设单位承担工程质量首要责任，应加强工程建设全过程质量管理，并严格履行保修责任。从质量监管体系看，构建起覆盖省、市、县三级的政府质量监管体系，打造了一支具有专业技术能力的质量监督队伍，依据法律法规和工程建设强制性标准，对在建工程实体质量和工程质量责任主体及质量检测等单位的工程质量行为实施监督，为房屋交付质量提供了有力保障。

> ❯ **重要论述**

2013 年 12 月 12 日，习近平总书记在中央城镇化工作会议上强调，"建筑质量事关人民生命财产安全，事关城市未来和传承。一定要加强建筑质量管理制度建设"。

 相关知识

建设单位工程质量首要责任："建设单位是工程质量第一责任人，依法对工程质量承担全面责任。"对因工程质量给工程所有权人、使用人或第三方造成的损失，建设单位依法承担赔偿责任，有其他责任人的，可以向其他责任人追偿。建设单位应严格落实项目法人责任制，依法开工建设，全面履行管理职责，确保工程质量符合国家法律法规、工程建设强制性标准和合同约定。

38 发生房屋质量纠纷时，通过什么渠道解决？

房屋质量纠纷可通过协商、调解、仲裁、诉讼、信访等多种渠道解决。《城市房地产开发经营管理条例》规定，房地产开发企业应当在商品房交付使用时，向购买人提供住宅质量保证书和住宅使用说明书，并按照住宅质量保证书的约定，承担商品房保修责任。对房屋建筑工程竣工验收后在保修期限内出现的质量缺陷，建设单位应及时组织处理，对造成的损失先行赔偿，并向造成房屋建筑工程质量缺陷的责任方追偿。发生房屋质量纠纷时，一般通过双方协商解决，协商解决不了的，通过调解、仲裁、诉讼等途径解决。现阶段，因建筑工程质量、建筑活动违法违规行为引发的纠纷，均可按照《信访工作条例》的规定进行信访投诉。

❯ 重要论述

2015 年 12 月 20 日，习近平总书记在中央城市工作会议上强调："规划和建设要强化有关安全的强制性标准和要求，全面落实工程质量责任，明确建设、勘察、设计、施工、监理等五方主体质量安全责任，加强工程建设全过程质量安全监管，落实安全责任终身追究制。"

❯ 相关知识

房屋建筑工程的最低保修期限：（一）地基基础工程和主体结构工程，为设计文件规定的该工程的合理使用年限；（二）屋面防水工程、有防水要求的卫生间、房间和外墙面的防渗漏，为 5 年；（三）供热与供冷系统，为 2 个采暖期、供冷期；（四）电气管线、给排水管道、设备安装和装修工程，为 2 年。其他项目的保修期限由发包方和承包方约定。

❯ 典型案例

2017 年 3 月 13 日，高某与 Z 公司签订《商品房买卖合同》。房屋交付后，高某称房屋多处存在严重渗漏水，2021 年 12 月 22 日高某向 Z 公司出具备忘录，并附赔偿清单，Z 公司对此进行了赔偿。2022年 7 月，房屋再次出现漏水问题。2023 年 1 月 4

日，高某向法院提起诉讼，请求Z公司处理房屋渗漏水部位的修复事宜直至该房屋不再渗漏水且能正常使用，并赔偿其经济损失及精神损失费。法院认为，在保修期内交付使用的房屋存在的质量问题，Z公司应当承担修复责任。关于高某主张的经济损失，涉案房屋尚未修复完成，可待房屋修复完成确定损失后再行主张。法院判决Z公司于判决生效之日起十五日内对房屋渗漏水部位完成修复，直至房屋不再渗漏水且能正常使用，并承担200元的案件受理费；高某主张的精神损失费，于法无据，不予支持，驳回高某其他诉讼请求。

为什么说小区物业管理对维护社会安全稳定十分重要？

"基层强则国家强，基层安则天下安"。社区是城市治理体系的基本单元、"最后一公里"，维护社区安全稳定是整个社会安全稳定的基础。小区物业管理是社区治理的重要组成部分，与居民切身利益密切相关，社区一般由数个小区组成，小区好，社区才会好。随着人民生活水平和住房条件不断改善，居民对社区环境卫生和相关秩序的管理维护等要求越来越高，小区物业管理通过维护社区环境卫生和秩序、规范相关主体之间的关系，推动小区物业管理和社区建设协调发展，形成完善社区治理的整体合力。同时，街道社区、有关部门和社区各类组织与小区物业管理有效配合，组织开展社区文化活动，丰富居民的业余生活，促进居民的身心健康，对于推动形成邻里之间更加和谐的关系和良好的社会风尚，维护基层社会安全稳定十分重要。

❯ 重要论述

2022年6月28日，习近平总书记在湖北武汉考察时指出："社区是城市治理体系的基本单元。我国国家治理体系的一个优势就是把城乡社区基础筑牢。"2018年11月6日、7日，习近平总书记在上海考察时指出:"城市治理的'最后一公里'就在社区。社区是党委和政府联系群众、服务群众的神经末梢,要及时感知社区居民的操心事、烦心事、揪心事,一件一件加以解决。"

 在保障和提升物业服务质量上有什么样的政策举措?

近年来,中央组织部、中央政法委、中央社会工作部、民政部、住房城乡建设部等有关部门积极推进发展高质量的物业服务,促进物业服务与城市基层治理深度融合,更好满足群众不断增长的美好居住生活需要。2022 年,四部门联合印发《关于深化城市基层党建引领基层治理的若干措施(试行)》,提出强化社区物业党建联建,以高质量物业服务推进美好家园建设:一是推进物业服务和物业服务企业党建全覆盖。二是强化党组织对业主委员会的指导。

三是建立社区物业党建联建和协调共治机制，多措并举，提升物业服务质量。2020 年，十部门联合印发《关于加强和改进住宅物业管理工作的通知》，针对突出问题，对提升物业管理服务水平作了要求：一是扩大物业管理覆盖范围，为暂不具备引入专业化物业管理条件的城镇老旧小区实现物业管理覆盖提供了可行路径。二是提升物业服务质量，要求物业服务企业全面落实服务质量主体责任。三是完善物业服务价格形成机制，引导业主与物业服务企业通过合同约定物业服务价格调整方式。四是提升物业服务行业人员素质，开展职业技能培训、健全员工激励制度。

41 发生物业矛盾纠纷时，如何及时妥善化解？

物业矛盾纠纷多为民事纠纷，既有物业服务纠纷，也有邻里纠纷和小区公共事务纠纷，应鼓励当事人优先通过自愿和解、依法调解方式化解；和解、调解不成的，根据实际情况，引导当事人通过仲裁、行政裁决、行政复议等途径解决；对处理结果不服的，引导当事人依法提起诉讼。实践中，各地坚持和发展新时代"枫桥经验"，在地方党委政府的领导下，组织发动街道社区、政府相关部门、社会组织、居民等各方共同参与，积极探索化解矛盾纠纷的具体措施。如建立矛盾纠纷多元预防调处化解综合机制、加强社区物业党建联建、健全综合议事协调机制、学习运用党建引领接诉即办经验、强化政策宣传引导等，这些探索和实践，为及时妥善化解物业矛盾纠纷提供了好的经验。

推动城市管理进社区有什么样的具体举措？

推动城市管理进社区，让城市管理和服务融入基层治理，延伸到社区，切实解决和群众切身利益息息相关的急难愁盼问题，推动构建共建共治共享的基层治理格局。一是支持和帮助基层进一步建立健全社区管理和服务体制，不断增强基层公共服务能力，切实提升基层管理精细化水平。二是以城市管理进社区工作为载体，开展社区公共空间"微整治""微提升"，推动解决群众反映强烈的社区环境卫生死角、便民服务设施不足、区域功能设置不合理等问题，打造更加宜居的品质生活空间。三是推动建立党建引领、城管下沉、物业服务、群众参与的协调联动机制，畅通群众诉求表达、利益协调和权益保障渠道，动员各方力量共建美好社区家园。

❯ 重要论述

2019年11月2日，习近平总书记在上海考察时指出："要推动城市治理的重心和配套资源向街道社区下沉，聚焦基层党建、城市管理、社区治理和公共服务等主责主业，整合审批、服务、执法等方面力量，面向区域内群众开展服务。"

❯ 典型案例

厦门市设立"城管近邻工作站"，城管党员干部进驻社区，参与基层党组织分工，通过"城管+"联动机制积极融入基层管理服务工作。潍坊市将社区内零散分布的修车、修鞋、修锁配钥匙"小三修"行业，按"七统一"标准规范设置128处便民服务点，方便社区群众生活。重庆市自从开展城市管理进社区工作以来，主动收集群众意见建议、问题反映1.8万余条，建立社区群众城市管理"急难愁盼"问题清单，通过邻里"院坝会"、社区"议事堂"等多种形式推动解决。

什么是突发公共卫生事件？我国应对突发公共卫生事件有哪些法律制度？

　　国务院发布的《突发公共卫生事件应急条例》第二条明确，"突发公共卫生事件"指突然发生，造成或者可能造成社会公众健康严重损害的重大传染病疫情、群体性不明原因疾病、重大食物和职业中毒，以及其他严重影响公众健康的事件。

　　突发公共卫生事件应对主要依据《中华人民共和国传染病防治法》《中华人民共和国国境卫生检疫法》《中华人民共和国突发事件应对法》《突发公共卫生事件应急条例》等法律法规。除上述法律法规外，《中华人民共和国医师法》《中华人民共和国疫苗管理法》《医疗器械监督管理条例》等法律法规，也对发生突发公共卫生事件时医务人员参与应急处置和医疗救治、疫苗和医疗器械的紧急使用进行了有关专门规定。上述法律法规制度为有效应对突发公共卫生事件、保障人民群众生命健康发挥了重要作用。

 发生传染病疫情后，国家可以采取哪些预防和控制措施？

根据《中华人民共和国传染病防治法》，我国对法定传染病疫情防控实行分类管理。

发生甲类传染病疫情时，应当对病人、病原携带者予以隔离治疗；对疑似病人确诊前在指定场所单独隔离治疗；对医疗机构内的病人、病原携带者、疑似病人的密切接触者，在指定场所进行医学观察和采取其他必要的预防措施。为了防止甲类传染病通过交通工具及其乘运的人员、物资传播，可以实施交通卫生检疫。

发生乙类、丙类传染病疫情时，可根据传染病暴发、流行情况和危害程度，从控制传染源、切断传播途径、保护易感人群3个方面采取必要的控制措施，如对传染病病人隔离治疗、消除病媒生物、做好清洁消毒、倡导科学佩戴口罩、预防接种等。

> ❯ 延伸阅读

法定传染病目录

类别	病种
甲类传染病	鼠疫、霍乱
乙类传染病	新型冠状病毒感染、传染性非典型肺炎、艾滋病、病毒性肝炎、脊髓灰质炎、人感染高致病性禽流感、人感染 H7N9 禽流感、麻疹、流行性出血热、狂犬病、流行性乙型脑炎、登革热、猴痘、炭疽、细菌性和阿米巴痢疾、结核病、伤寒和副伤寒、流行性脑脊髓膜炎、百日咳、白喉、新生儿破伤风、猩红热、布鲁氏菌病、淋病、梅毒、钩端螺旋体病、血吸虫病、疟疾
丙类传染病	流行性感冒、流行性腮腺炎、风疹、急性出血性结膜炎、麻风病、流行性和地方性斑疹伤寒、黑热病、包虫病、丝虫病、手足口病，其他感染性腹泻病

备注：根据《中华人民共和国传染病防治法》，对乙类传染病中传染性非典型肺炎、炭疽中的肺炭疽和人感染高致病性禽流感，采取甲类传染病的预防、控制措施。

45 发生医疗纠纷应当通过哪些途径解决？构建和谐医患关系有哪些政策措施？

医患双方可以通过下列途径解决医疗纠纷：（一）双方自愿协商；（二）申请人民调解；（三）申请行政调解；（四）向人民法院提起诉讼；（五）法律、法规规定的其他途径。

维护正常医疗秩序，构建和谐医患关系，关系医患双方的根本利益，关系人民群众生命健康安全。一是开展医学人文关怀提升行动，增进医患交流互信，构建和谐医患关系，提升人民群众就医获得感和满意度。二是开展平安医院建设，建立部门分工协作机制，多措并举防范化解医疗纠纷，促进医患和谐，维护医疗秩序。三是大力施行《医疗纠纷预防和处理条例》，加强医疗质量安全管理，畅通医患沟通渠道，从源头上预防和减少纠纷。四是依照刑法有关规定，贯彻实施最高人民法院、最高人民检察院等五部门

《关于依法惩处涉医违法犯罪维护正常医疗秩序的意见》，打击涉医违法犯罪，整治"医闹"现象。

> **相关知识**

患者及其近亲属与医疗机构及其医务人员之间，因诊疗活动引发的争议都可以称为医疗纠纷，包括但不限于患者对诊疗服务态度的不满，以及因诊疗活动造成的损害后果、责任划分、赔偿标准等而发生的投诉、索赔和诉讼等。医疗美容是指使用药物以及手术、物理和其他损伤性或者侵入性手段进行的美容，由此引发的争议也属于医疗纠纷。

天津市医疗纠纷调解委员会工作人员正在调解

46 学校日常应如何抓好校园安全保卫工作？

　　校园安全问题，关乎亿万家庭的幸福安宁，关乎社会大局的和谐稳定。确保师生生命健康、校园安全，是教育系统的头等大事，必须以"时时放心不下"的责任感筑牢校园安全防线。一是强化安全管理制度，明确校园安全工作主体责任，建立健全突发事件应急预案，定期举行应急演练。二是加强安全隐患排查，对消防设施、建筑安全、食品卫生、交通安全等方面进行重点检查，及时整改存在的安全隐患问题。三是做好安全教育宣传，提高师生的安全意识与自我防护能力。四是健全安全防范体系，推进人防、物防、技防一体化建设，全方位、全时段维护与保障校园安全。五是深化协同联动机制，与公安、消防、卫生、交通等多部门信息共建共享、资源共管共用、风险联防联控，从而提升校园安全防范和应急处置的综合能力。六是重视心理健康建设，加强学生心理健康教育，定期开展心理测试与问题排查，实现心理辅导等配套服务全覆盖，关心呵护学生成长。

抓好校园安全保卫工作，守护学生平安茁壮成长

《中小学幼儿园安全管理办法》

47 《中小学、幼儿园安全防范要求》规定了哪些基本要求？

《中小学、幼儿园安全防范要求》规定的基本要求，包括总体防范要求、人力防范要求、实体防范要求、电子防范要求和安全防范系统技术要求。总体防范要求强调"人防、物防、技防相结合",保障学生和教职员工的人身安全;学校应与家长、上级主管单位、属地公安机关等建立联动联防和信息共享工作机制,共同构建校园安全防控体系。人力防范要求规定学校设立安全管理机构,配备合格的校园安全保卫人员。实体防范要求明确校园应设置围墙、金属栅栏等必要的安全防护设施,校门口应配备防冲撞设施,重点区域应安装防盗安全门。电子防范要求规定校园应安装视频监控系统,覆盖重点部位和区域,图像保存时间不少于30天,另外需配备入侵报警系统、出入口控制系统等电子防范设备。安全防范系统技术要求对入侵和紧急报警系统、视频监控系统、出入口控制系统等子系统的技术指标进行了详细规定,确保系统技术指标与新技术应用相匹配。

《中小学、幼儿园安全防范要求》

什么是"学校—家庭—社会"安全联防机制？

"学校—家庭—社会"安全联防机制，强调学校、家庭和社会三方协同合作，通过共享信息、协调行动、共同教育，形成有效的安全防护网，共同为学生营造一个安全、健康、和谐的成长环境。

学校是核心角色，应当加强校园安全管理，定期进行安全教育和演练，提高学生的安全意识和自我保护能力。家庭是第一环境，应当承担起对子女进行基础安全教育的责任，在生活中培养孩子的安全行为习惯，同时与学校保持沟通交流，了解孩子在校安全情

况。社会是有力支撑，政府、社区、媒体、社会组织等可以通过提供安全教育资源、加强校园周边环境治理、宣传安全知识等方式，为校园安全提供支撑和保障。

校地联合开展交通安全宣传

 学生群体心理健康安全如何保障？

保障学生群体的心理健康安全是教育事业高质量

发展的核心内容，事关校园和谐、家庭幸福和社会稳定。

一是加强心理健康宣传教育与知识普及。普及心理健康知识，帮助学生树立心理健康意识，认识心理异常现象，了解心理调节方法；将心理素质教育纳入日常教学与学习生活实践中，增强学生抗压能力、情绪调节能力和社会适应能力。

二是建立健全心理辅导和危机干预机制。在校园内设置心理咨询室，配备心理健康教师，开展定期心理测评和个性化心理辅导干预；对于严重心理问题启动应急处置流程，家校协同、医教协同开展危机干预。

三是减少心理安全风险隐患与压力来源。营造和谐健康、积极向上的校园环境与文化氛围，增强学生的认同感和归属感，减少造成学生心理压力的外部因素。

四是家庭关注与社会支持多元协同共治。加强学校与家长的沟通合作，共同关注学生心理健康；向大中小学提供更多的社会心理健康资源，构建并强化社会支持网络的广度与韧性。

保障心理健康安全，护航幸福快乐成长

> ❯ 重要论述

2023 年 5 月 31 日，习近平总书记来到北京育英学校看望慰问师生，向全国广大少年儿童祝贺"六一"国际儿童节快乐，指出："教育的根本任务是立德树人，培养德智体美劳全面发展的社会主义建设者和接班人。学生的理想信念、道德品质、知识智力、身体和心理素质等各方面的培养缺一不可。"

《中小学心理健康教育指导纲要（2012年修订）》

社会保险经办过程中，如何防范
社会保险基金"跑冒滴漏"？

　　《社会保险经办条例》就防范社会保险基金"跑冒滴漏"问题作了三方面规定。一是加强社会保险经办内控管理。明确社会保险经办机构应当与公安、民政、卫生健康、司法行政等部门建立信息共享机制，开展信息核验比对；明确社会保险经办机构应当通过信息比对、自助认证等方式，核验社会保险待遇享受资格；明确社会保险经办机构应当建立健全业务、财务、安全和风险管理等内部控制制度，规范基金账户管理和会计核算；定期对内部控制制度的制定、执行情况进行监察、评估，对发现的问题进行整改。二是明确用人单位和个人申报义务。明确个人出现国家规定的停止享受社会保险待遇的情形，用人单位、待遇享受人员或者其亲属应当自相关情形发生之日起20个工作日内告知社会保险经办机构。三是加大违规待遇追回及惩处力度。明确多享受社会保险待遇的追回举措，对个人多享受社会保险待遇的，由社会保险经办机构责令退回；难以一次性退回的，可以签订还款协议分期退回，也可以从其后续享受的社会保险待遇或者个人账户余额中抵扣。建立社会保险信用管理制度，明确社会保险领域严重失信主体名单认定标准。加大监管力度，畅通监督渠道，鼓励和支持社会各方面监督，明确欺诈骗保等违规行为的法律责任。

> **延伸阅读**

　　补缴养老金参保应符合相关政策要求，任何借助虚假诉讼或虚假劳动仲裁确认劳动关系的形式参保缴费、办理退休、领取退休金等行为，均属于骗取或套取国家社保基金的违法行为，一经查实，除清除缴费记录、没收补缴款、退回已领取的社保金外，还将受到行政处罚甚至刑事制裁。广大群众切勿轻信"代办代（补）缴社保"等"非法中介人员"之言，更不要虚构劳动关系、参与虚假诉讼或虚假劳动仲裁活动。

灵活就业人员参加基本养老保险有哪些途径？

灵活就业人员包括个体经营、非全日制以及新就业形态等从业人员。灵活就业人员参加基本养老保险有两种途径可选择。一是以个人身份参加企业职工基本养老保险。缴费由个人承担，可以在参保地所在省全口径城镇单位就业人员平均工资的60%—300%之间选择适当的缴费基数，缴费比例为20%，可选择按月、按季度、按半年、按年等方式缴纳。可根据个人情况灵活选择中断或恢复缴费，前后缴费年限合并计算，不会因中断而减损权益。以灵活就业人员身份参保，达到法定退休年龄，且满足最低缴费年限条件的，可按月领取基本养老金，享受的待遇与企业职工一样。二是在户籍地参加城乡居民基本养老保险。缴费方式按年、按档次缴纳，缴费档次以当地人力资源社会保障部门公布数额为准。

❯ 延伸阅读

灵活就业人员可以通过两种方式办理参保手续。一是线上办理。可通过国家社会保险公共服务平台、全国人社政务服务平台、电子社保卡、掌上12333 APP等全国统一线上服务入口和各级人社政务服务网站等渠道，轻松办理参保登记。二是线下办理。携带本人身份证（居住证）或社保卡等材料，到参保地社保经办机构办理参保手续。除社会保险经办机构外，灵活就业人员还可以就近选择能够办理参保的街道（乡镇）便民服务中心、社银合作网点、自助服务终端等方式办理手续。灵活就业人员参保"即时办结"，符合条件的即时受理、当场反馈；对于不符合条件的，实行一次性告知制度。

《国务院办公厅关于推动个人养老金发展的意见》明确，在中国境内参加城镇职工基本养老保险或者城乡居民基本养老保险的劳动者，可以参加个人养老金制度。因此，灵活就业人员只要参加了基本养老保险，且最少有一次缴费，就可以参加个人养老金制度。

 帮助困难人员就业的举措
有哪些?

　　加强困难群体就业帮扶，是守牢兜住民生底线的重要方面。在帮助困难人员就业方面，主要有四项针对性措施。一是开展精准式对象认定。盯紧大龄、残疾、较长时间失业等人员，根据其就业困难程度，及时认定为就业困难人员，推动应纳尽纳，应帮尽帮。

二是实施一对一个性化帮扶。依托就业信息一体化平台，建立精准帮扶台账。广泛收集适合援助对象的城乡社会岗位、急需紧缺岗位、灵活就业岗位，以及低门槛、有保障的爱心岗位，形成岗位清单，并开展个性化职业指导。三是落实两优惠、三补贴政策。"两优惠"即对援助对象到企业就业或自主创业的，按规定落实税费优惠和创业担保贷款及税息优惠。"三补贴"即对援助对象到企业就业、灵活就业的给予社保补贴；对参加培训的给予职业培训补贴；对无法通过市场化渠道就业的，通过公益性岗位兜底安置，并给予岗位补贴。四是强化"回头看"跟踪服务。对经帮扶就业的，及时了解掌握岗位适应情况，帮助解决实际困难，对享受援助政策期满的，提前开展评估，做好后续服务衔接。坚持日常援助与集中援助相结合，开展就业援助月等专项服务活动，集中送政策、送服务、送岗位。

❯ 相关知识

就业困难人员一般是指因身体状况、技能水平、家庭因素、失去土地等原因难以实现就业，以及连续失业一定时间仍未能实现就业的人员。就业困难人员的具体范围，由各省级人民政府根据本行政区域的实际情况规定。

就业困难人员的认定由本人向户籍地街道（乡镇）、社区（行政村）、公共就业服务机构（平台）提出申请。经过初审、公示等程序，县级公共就业服务机构进行审核认定。具体范围和详细申请流程，可咨询当地人力资源社会保障部门。

53 支持高校毕业生等青年群体就业的政策措施有哪些？

一是鼓励求职就业。在提升职业技能方面，高校毕业生可参加就业技能培训，按规定享受职业培训补贴和职业技能评价补贴。在促进经验积累方面，离校2年内未就业高校毕业生、16—24岁失业青年可参加就业见习，其间由见习单位给予基本生活费。在帮助求职应聘方面，对符合条件的困难高校毕业生，给予一次性求职补贴。

二是鼓励吸纳就业。在鼓励企业吸纳就业方面，按规定给予一次性扩岗补助、社会保险补贴、税收优惠、创业担保贷款及贴息等支持。在鼓励城乡基层就业方面，给予学费补偿和助学贷款代偿，高定工资档次，放宽职称评审等优惠；对参加基层服务项目的，给予考研加分、定向招录（聘）等政策。在鼓励应征入伍方面，给予学费补偿和国家助学贷款代偿、退役后考研加分、研究生和专升本单列招生计划等优惠政策。

三是鼓励创新创业。自主创业的，可申请一次性创业补贴；可参加创业培训，申请获得培训补贴；可得到资金支持，减免有关行政事业性收费，享受税收优惠政策；可申请创业担保贷款。灵活就业的，可按规定申请社会保险补贴。

> **重要论述**

　　2024 年 5 月 27 日，习近平总书记在二十届中央政治局第十四次集体学习时强调："要坚持把高校毕业生等青年群体就业作为重中之重，开发更多有利于发挥所学所长的就业岗位，鼓励青年投身重点领域、重点行业、城乡基层和中小微企业就业创业，拓宽市场化社会化就业渠道，确保青年就业水平总体平稳。"

54 解决劳动纠纷、维护劳动权益有哪些途径？

　　一是向劳动保障监察机构举报或投诉。根据《劳动保障监察条例》规定，任何组织或者个人对违反劳动保障法律、法规或者规章的行为，有权向劳动保障行政部门举报。劳动者认为用人单位侵犯其劳动保障合法权益的，有权向劳动保障行政部门投诉。二是向劳动人事争议仲裁委员会申请仲裁。根据《中华人民共和国劳动争议调解仲裁法》规定，因劳动报酬、工伤医疗费、经济补偿或者赔偿金等发生的争议，当事人知道或应当知道其权利被侵害之日起一年内向劳动争议仲裁委员会提出仲裁申请。三是向法院起诉或申请支付令。根据《保障农民工工资支付条例》规定，被拖欠工资的农民工有权依法投诉，或者申请劳动争议调解仲裁和提起诉讼。在证据确凿的情况下可申请支付令。根据《中华人民共和国劳动合同法》规定，用人单位拖欠或者未足额支付劳动报酬的，劳动者可以依法向当地人民法院申请支付令，人民法院应当依法发出支付令。

 我国是如何系统整治欠薪问题的？

近年来，我国各级政府和有关部门持续夯实防欠治欠制度根基，预防为主、标本兼治，进一步健全完善治理欠薪长效机制，推动欠薪问题逐步得到治理。一是强化源头预防。严格工程价款结算与支付管理，加强政府投资项目资金管理，推动获得清偿资金的中小企业优先支付农民工工资，严厉打击建设市场违法行为。二是强化制度落实。落实《保障农民工工资支付条例》及配套政策，督导欠薪案件和信访、舆情问题的行政和司法处置情况。强化常态化监管执法，以"安薪项目"示范引导，以劳资专管员队伍建设为依托，督促企业全面落实制度。三是强化分类施策。发挥行政执法和协商调解作用，推动高效解决欠薪问题。对关停倒闭或裁员的企业，提前介入指导企业履行工资支付主体责任。对拒不履行支付义务的，依法依规坚决打击。四是强化数字赋能。优化全国农民工工资支付监控预警平台，及时归集工资支付监测数据，实现动态监测和实时管理。五是强化各方责任。完善治欠省级政府负总责、市县级政府具体负责的工作机制，指导地方将治欠纳入政府考核评价指标体系，不断优化考核机制，提升治欠综合效能。

> **延伸阅读**

　　如果遇到工资拖欠问题，使用微信扫描全国根治欠薪线索反映平台二维码，即可随时随地反映欠薪线索。

56 如何防范非法收费、盗用个人信息等求职骗局？

　　求职不易，还需警惕。劳动者在努力求职的同时，也要小心"求职陷阱"，避开套路和骗局。一是选择人力资源服务机构求职时，要查看其是否取得人力资源服务许可证，最好选择诚信度高、经营规范的服务机构。不要轻信口头承诺，要在确认相关内容的基础上签订正式服务协议。二是对有应聘意向的企业，最好事先通过第三方平台等渠道核查其相关资质，如企业在求职过程中以各种理由要求租用、购买各类工作设备或交钱、贷款才能够安排岗位的，应果断拒绝，以免上当受骗。收费"内推""保 offer"等多属虚假宣传，涉嫌违法违规，千万不可抱着"走捷径""靠关系"等心态轻信骗子的话术。三是树立正确的择业观念，擦亮识别骗局的"慧眼"。掌握防范陷阱的"招数"，遇到"活少钱多""轻松钱来""躺平赚钱"等"听上去很美"的招聘信息，一定要提高警惕，多查多问多防备，避免"踩雷""掉坑"，谨防不法分子以招聘为名实施诈骗等违法违规活动。四是增强个人信息保护意识。在求职特别是通过网络方式求职时，要认真阅读有关告知事项，谨慎使用授权，遇到"天上掉馅饼"的"好事"要保持警惕，保护好个人身份证号、银行卡号、支付账户等敏感信息，防止被不法分子非法收集、使用，造成财产损失或其他不利影响。

> **相关知识**

　　警惕劳动合同藏"猫腻"。达成用工意向后，有的用人单位以种种借口拒绝与劳动者签订书面劳动合同，有的用人单位签订合同后没有给劳动者一份合同文本留存，有的用人单位签订的合同中缺少工作岗位、劳动报酬、劳动条件等具体信息。如出现上述情况，劳动者到岗工作后合法权益将缺少保障。

如何理解金融安全与社会安全
之间的关系？

　　金融安全与社会安全相互关联、相互促进。"金融活经济活，金融稳经济稳"，金融安全为社会安全稳定创造良好的物质条件和环境氛围。社会安全稳定能够有效遏制违法犯罪冲击、强化权益保障、增强公众信心，为金融行业健康发展创造良好的环境和保障。金融安全出现问题时，引发的金融风险可能导致公众财产损失、产生社会矛盾纠纷、引发群体性事件，影响社会安全稳定。

　　当前我国金融风险总体可控，同时我国金融发展也面临不少风险挑战。面对内外部复杂形势，必须坚持底线思维、强化问题导向，有效加强金融监管，科学防范应对风险，提高公众金融素养，共同维护和促进社会安全稳定。

> **重要论述**

　　2023 年 10 月 30 日，习近平总书记在中央金融工作会议上指出："金融是'国之大者'，关系中国式现代化建设全局。"

58　如何防范涉众型非法金融活动?

　　涉众型非法金融活动危害群众财产安全和经济社会稳定，政府、社会、群众要协同治理、严加防范。金融消费者可以从以下三个方面予以防范：

　　一是加强金融知识学习。注意了解金融产品有关情况，包括其收益和风险等，牢记"高收益意味着高风险""天上不会掉馅饼、高利保本是陷阱"，树立理性投资观念，防范非法金融活动的各种话术诱骗。

　　二是通过正规渠道投资合法金融产品。拒绝非法中介和产品。投资银行理财、保险、信托、保险资管等产品前，可通过金融产品查询平台的网站、应用程序和微信小程序等渠道验明真伪。

三是积极参与社会监督。发现涉嫌非法金融活动线索的，及时向公安机关或其他有关部门举报，协助打击非法金融活动。

《防范和处置非法集资条例》出台的背景是什么？如何界定非法集资？

防范和处置非法集资，是一项长期、复杂、艰巨的系统性工程，关系人民群众切身利益、经济金融健康发展和社会大局稳定。党中央、国务院对此高度重视，出台有关文件明确了防范和处置非法集资的基本原则、工作机制、工作责任、具体举措和重点任务；各地区各部门采取有力措施严厉打击非法集资犯罪，化解存量、遏制增量、防控变量，取得积极成效，风险总体可控。但非法集资形势依然严峻复杂，打非处非工作中仍面临不少问题和困难。为全面深入贯彻以人民为中心的发展思想，及时解决行政机关防范和处置非法集资的法律依据不足、手段不够等问题，加强源头防控，国务院出台《防范和处置非法集资条例》，将防范和处置非法集资工作纳入法治化、规范化轨道，以更好保护人民群众财产安全。

《防范和处置非法集资条例》第二条第一款规定："本条例所称非法集资，是指未经国务院金融管理部门依法许可或者违反国家金融管理规定，以许诺还本付息或者给予其他投资回报等方式，向不特定对象吸收资金的行为。"该定义明确了非法集资的三要件：一是"未经国务院金融管理部门依法许可或者违反国家金融管理规定"，即非法性；二是"许诺还本付息或者给予其他投资回报"，即利诱性；三是"向不特定对象吸收资金"，即社会性。同时，《防范和处置非法集资条例》第二条第二款规定，"法律、行政法规对非法从事银行、证券、保险、外汇等金融业务活动另有规定的，适用其规定。"

社会公众配合金融机构开展打击
恐怖融资的义务主要包括哪些？

社会公众配合金融机构开展打击恐怖融资的义务主要包括：一是主动配合金融机构完成客户身份识别，包括提供真实有效的身份证件、据实告知交易目的、及时更新预留信息等。二是积极培养自我防范意识，不出租、出借账户、U盾，不用自己的账户替他人提现，防止他人盗用身份从事非法活动。三是对于发现的涉恐融资行为勇于举报，及时切断资助犯罪行为的经济来源和渠道，维护社会正义。

 保险业如何助力筑牢灾害防控网？

保险业认真贯彻落实习近平总书记关于防灾减灾救灾的重要指示批示精神，按照党中央、国务院有关决策部署，不断提升服务灾害防治的能力，助力筑牢灾害防控网，充分发挥保险业的经济减震器和社会稳定器作用。

一是积极推进巨灾保险机制建设和业务试点。金融监管总局会同财政部持续推进巨灾保险机制建设，出台实施方案，组建中国城乡居民住宅巨灾保险共同体，不断扩展保险范围，聚集保险行业力量，推动巨灾保险落地运行。同时，会同有关省区市人民政府积极推进地方综合性巨灾保险试点，指导保险行业为当地提供差异化、特色化、定制化风险保障。

二是迅速响应突发事件，有力应对自然灾害。重大灾害发生后，保险业第一时间启动应急响应，全力配合地方党委政府做好灾害应对，高效有序开展应急处置和保险理赔等金融服务工作。按照"特事特办、急事急办"原则，快速高效开展查勘定损，开通理赔绿色通道，简化理赔程序和材料，优化理赔服务，加快理赔进度，提高预赔比例，不断提升行业保险理赔服务质效。

三是主动开展风险减量，推动提升防灾减灾技术水平。保险业主动对接地方有关部门，加大查勘救援车辆、理赔工作人员等各项资源调配和投入，通过多渠道加强灾害风险预警，开展现场风险隐患排查，完善极端灾害应对预案；开发更加科学、精准、实用的防灾减灾预警系统，不断推动提升防灾减灾技术水平。

重要论述

　　2023 年 10 月 30 日，习近平总书记在中央金融工作会议上指出："发挥保险业的经济减震器和社会稳定器功能，发展商业养老保险、健康保险、科技保险、绿色保险、农业保险，建设再保险市场，建立健全国家巨灾保险保障体系。"

62　金融机构安全保卫工作的主要内容有哪些？

　　金融机构安全保卫工作是指为维护金融机构营

业场所正常经营，保障金融机构客户和员工人身安全，保障客户资金和金融机构资产安全所采取的管理措施。

主要内容包括：一是开展安防设施建设，加强营业场所的安全防护，防范盗窃、抢劫等暴力型犯罪。二是落实消防安全管理要求，按照国家、行业标准配置消防设施、器材，组织维保检测和防火检查，预防火灾事故。三是制定防盗窃、防抢劫、防火等应急预案，定期开展应急演练，做好突发事件应对处置。四是常态化开展安防、消防隐患排查，及时消除安全风险。五是开展安全教育培训，提升全员安全防范意识和处置能力。推动安全保卫工作向专业化、数字化转型，适应新形势下的安全管理要求。

63 如何防范交通运输安全生产重特大事故？

交通运输行业具有规模庞大、主体多元、流动性强、动态运行、高度开放等特点，内外部风险因素交织叠加，重特大事故防范任务艰巨。一是要紧盯大载客量交通工具、大客流量枢纽场站、大交通量路段航段、人员密集施工驻地、危险货物集中堆存场所等重点部位，着力防范化解重大风险。二是要强化重大节假日、重大社会活动和恶劣天气易发多发等重点时段安全防范，严防死守，坚决守牢重点时段安全底线。三是要深化突出问题专项治理，全力补齐安全发展短板弱项，夯实安全发展基础。四是要关口前移，建立健全风险分级管控和隐患排查治理双重预防机制，加强事前事中监管，强化源头管控，加快推动行业安全治理模式向事前预防转型。

> **❯ 重要论述**

党的二十大报告指出："坚持安全第一、预防为主，建立大安全大应急框架，完善公共安全体系，推动公共安全治理模式向事前预防转型。推进安全生产风险专项整治，加强重点行业、重点领域安全监管。"

64 如何加强物流安全管理？

加强物流安全管理，必须以提升行业安全治理规范水平为主线，坚持源头治理、从严治理、综合治理和依法治理。一是持续完善物流安全管理体系。制定和完善相关法律法规，明确各部门物流安全管理职责，加大法律政策贯彻落实力度。二是压实企业物流安全主体责任。企业应当建立完善的物流安全责任体系，制定和执行物流安全规章制度，加强物流安全教育培训，严格开展货物安全检查等。三是加强执法监督检查。强化多部门协作配合和信息共享，严厉打击通过物流渠道从事违法犯罪活动。四是夯实物流安全基础支撑。加大物流安全宣传，推广应用先进物流安全设施设备，完善禁、限运物品清单，落实物流活动实名制等。

> ❯ 相关知识

　　为切实加强物流安全管理，交通运输部出台了《零担货物道路运输服务规范》等标准及相关政策措施，细化物流领域实名登记、安全查验等相关要求，保障人民群众生命财产安全和公共安全。

 如何维护铁路沿线安全？

维护铁路沿线安全，必须坚持人民至上、生命至上，构建政府主导、部门指导、企业负责、路地协同、多方共治的工作格局。铁路运输企业承担产权范围内治理责任。地方政府承担属地治理责任。国务院有关部门承担问题隐患治理的指导督促责任。

发挥"双段长"工作机制作用，落实巡查制度，妥善处置影响铁路安全的问题隐患，确保早发现、早治理、早消除。发挥铁路护路联防安全稳定机制作用，组织专兼职护路队伍加强巡查，化解涉及铁路矛盾纠纷，打击破坏铁路设施和危害乘客安全的违法犯罪活动。加强普法教育和舆论宣传，严格监管执法，依法惩处违法行为。

爱护铁路设施人人有责。禁止在铁路线路上行走、坐卧，禁止任何人破坏铁路设施，禁止携带危险品进站上车，通过铁路平交道口和人行过道时，必须遵守安全通行规定。遇到危及铁路安全事件，立即向铁路部门报告或者打 110 报警。

◯ 相关知识

全面推行铁路沿线安全环境管理"双段长"制是确保人民群众生命财产安全、保障铁路安全运管和持续健康发展的制度创新。其组织形式为：铁路沿线市（地）级人民政府与铁路局集团公司层面做好组织协调工作，县（区）级人民政府对应铁路站段、乡（镇、街道）级人民政府对应铁路车间设立两级"双段长"制，村（社区）与铁路班组严格执行巡查任务。

如何更好维护营运车司机群体合法权益？

　　深入贯彻习近平总书记重要指示批示精神，认真落实党中央、国务院决策部署，重点围绕司机群体反映突出的"痛点、难点"，加强部门协同，形成工作合力，共同推动解决司机群体的急难愁盼问题，不断增强司机群体的从业获得感和职业归属感。一是不断便利从业经营办事办证。积极拓展道路运输电子证照办理使用服务，实现经营业户、运营车辆、从业人员业务办理全覆盖，以及电子证照跨区域互信互认。二是持续改善停车休息环境。会同人力资源和社会保障部、中华全国总工会指导各地建设暖心服务货车司机之家、出租汽车司机驿站，为司机提供停车、餐饮、洗浴等优质服务。三是加大爱心帮扶力度。指导各地开展走访慰问、困难帮扶、法律援助等关心关爱活动。四是建立"接诉即办"机制。充分发挥 12328 交通运输服务监督热线桥梁纽带作用，更好倾听司机心声，广泛收集司机诉求。

> ▶ **重要论述**

2021年4月25日至27日，习近平总书记在广西考察时强调："要完善多渠道灵活就业的社会保障制度，维护好卡车司机、快递小哥、外卖配送员等的合法权益。"2022年3月1日，习近平总书记在2022年春季学期中央党校（国家行政学院）中青年干部培训班开班式上指出："要高度关注新业态发展，坚持网上网下结合，做好新就业群体的思想引导和凝聚服务工作。"党的二十大报告指出："健全劳动法律法规，完善劳动关系协商协调机制，完善劳动者权益保障制度，加强灵活就业和新就业形态劳动者权益保障。"

67 如何理解《中华人民共和国港口设施保安规则》在维护对外开放港口运营安全中的作用？

我国是《1974年国际海上人命安全公约》（简称"SOLAS公约"）的缔约国，为有效履行公约义务，指导规范对外开放港口做好相关工作，交通运输部颁布实施了《中华人民共和国港口设施保安规则》，要求为国际航线船舶提供服务的港口设施开展保安评估，并制定保安计划，针对船港界面等重点区域采取周界封闭、视频监控、人员值守等防范措施，与在港船舶协同配合，共同保障作业安全。《中华人民共和国港口设施保安规则》是我国履行《1974年国际海上人命安全公约》的重要举措，对维护我国对外开放港口运营安全、促进国际航运贸易安全发展具有重要意义。

❯ 延伸阅读

　　2001 年美国"9·11"恐怖袭击事件发生后，为有效防范国际船舶和港口受到恐怖活动威胁，国际海事组织（IMO）对《1974 年国际海上人命安全公约》进行了修正，补充增加了《国际船舶和港口设

施保安规则》（简称"ISPS 规则"）。要求适用《1974
年国际海上人命安全公约》的船舶及为其提供服务
的港口，采取相应的安保风险防范措施。

68 如何理解做好退役军人工作的 重要意义？

退役军人是党和国家的宝贵财富，是推进中国式
现代化的重要力量，退役军人工作事关改革发展稳定
和强军兴军事业。党领导下的退役军人工作伴随人民
军队而生，紧贴党和国家中心工作而发展。从新民主
主义革命时期、社会主义革命和建设时期，到改革开
放和社会主义现代化建设新时期，退役军人工作始终
围绕中心、服务大局，通过大量艰苦细致的优待抚
恤、英烈褒扬、拥军支前、转业安置等工作，为人民
军队从小到大、由弱到强提供了有力保障，为国家政
权建设和经济社会发展提供了源源不断的人才支持，

为实现好维护好发展好广大退役军人利益提供了可靠依托。

党的十八大以来，习近平总书记着眼强国建设、民族复兴伟业，鲜明指出"退役军人安置和管理，关系军队稳定和社会大局稳定"，作出一系列重要战略部署，引领退役军人工作与祖国同向而行、与伟大时代同频共振，在服务强国强军伟业中书写新的篇章。

北京市丰台区"老兵永远跟党走"退役军人志愿服务队授旗仪式

❯ 重要论述

2024 年 7 月全国退役军人工作会议召开之际，习近平总书记对退役军人工作作出重要指示强调:"新时代新征程,退役军人工作要有新担当新作为。""切实把退役军人接收安置好、服务保障好、教育管理好、作用发挥好、权益维护好,让军人成为全社会尊崇的职业、让退役军人成为全社会尊重的人。"

退役军人工作主要涉及哪些方面?

退役军人工作是指以退役军人和其他优抚对象为工作对象开展的服务、保障和管理等实践活动。自中国共产党缔造和领导人民军队伊始,就开展了与党和军队使命任务相适应的军人退役工作,经过中国革命、建设、改革的不同历史阶段,其内容始终与当时的形势任务相适应,并在长期实践中不断丰富、完善和发展。当前,退役军人工作坚持以习近平新时代中国特色社会主义思想为指导,贯彻落实为经济社会发展服务、为国防和军队建设服务的方针,着眼推进中国式现代化所需、退役军人所盼，进一步全面深化改革，持续完善组织管理体系、工作运行体系、政策制度体系，其内容主要包括移交接收、退役安置、教育培训、就业创业、抚恤优待、褒扬激励、服务管理、法律责任等。

 怎样认识退役军人思想政治和权益维护工作？

　　思想政治工作是我党我军优良传统、"看家本领"和特有政治优势，是一切工作的生命线。权益维护工作是贯彻落实以人民为中心的发展思想的具体举措。退役军人思想政治和权益维护工作，是铸魂育人和维护退役军人合法权益的实践活动。二者互为联系、相互促进，统一于促进退役军人全面发展、实现军事人力资源向经济社会发展人才资源有效转化的实践活动之中。主要内容包括：承担退役军人思想政治、舆论宣传、总结表彰、荣誉奖励和信访工作，配合做好指导退役军人党建工作，监督检查退役军人相关法律法规和政策措施的落实情况，承担退役军人权益维护和有关人员的帮扶援助。加强退役军人思想政治和权益维护工作，对于发挥退役军人在各项事业发展中的生力军作用，巩固党的执政基础、促进社会经济发展具有重要意义。

71 退役军人服务保障工作的法律政策依据有哪些？

退役军人服务保障工作依据的法律政策主要由法律、行政法规、地方性法规、部门规章、规范性文件等构成。法律主要有《中华人民共和国国防法》《中华人民共和国兵役法》《中华人民共和国军人地位和权益保障法》《中华人民共和国退役军人保障法》《中华人民共和国英雄烈士保护法》等；行政法规主要有《退役军人安置条例》《军人抚恤优待条例》《烈士褒扬条例》《军用饮食供应站供水站管理办法》等；地方性法规是由各省、自治区、直辖市的人民代表大会及其常务委员会根据本行政区域退役军人工作的具体情况和实际需要，制定的退役军人工作地方性法规；部门规章主要有《伤残抚恤管理办法》《军队离休退休干部服务管理办法》《军队无军籍退休退职职工服务管理办法》《优抚医院管理办法》《光荣院管理办法》《烈士安葬办法》《烈士公祭办法》《烈士纪念设施保护管理办法》《境外烈士纪念设施保护管理办法》等。

 相关知识

《中华人民共和国退役军人保障法》已由十三届全国人大常委会第二十三次会议于 2020 年 11 月 11 日通过，自 2021 年 1 月 1 日起施行。

72 各级退役军人服务中心（站）主要职责有哪些?

国家加强退役军人服务机构建设，建立健全退役军人服务体系。县级以上人民政府设立退役军人服务中心，乡镇、街道、农村和城市社区设立退役军人服务站点，提升退役军人服务保障能力。退役军人服务中心（站）主要承担退役军人就业创业扶持、优抚帮扶、走访慰问、权益维护等退役军人事务领域服务性、保障性、事务性、延伸性工作，为广大退役军人提供专业化、精细化优质服务，打通服务退役军人和其他优抚对象"最后一公里"。

退役军人服务中心（站）工作人员为退役军人及其他优抚对象提供服务

73 国家应对突发事件有哪些法律制度？国家如何应对突发事件？

《中华人民共和国突发事件应对法》是国家应对突发事件最主要的法律依据。其规定了自然灾害、事故灾难、公共卫生事件和社会安全事件等四类突发事件应对工作，与其他专门立法相互衔接、有效配合、并行不悖。

突发事件应对坚持人民至上、生命至上，把保障人民生命财产安全放在第一位，主要包括预防与应急准备、监测与预警、应急处置与救援、事后恢复与重建等工作。突发事件发生后，履行统一领导职责或者组织处置的人民政府针对突发事件性质、特点、危害程度和影响范围等，立即启动应急响应，组织有关部门并调动应急救援队伍和社会力量，依照法律、法规、规章和应急预案的规定，采取针对性应急处置措施，必要时可设立现场指挥部。其间做好信息报告、指挥调度、会商研判以及应急指挥综合保障等工作，全力防范衍生、次生灾害发生，最大程度减轻突发事件影响、减少人员伤亡。

《中华人民共和国突发事件应对法》

74 如何落实安全生产责任制？

责任制是安全生产的灵魂。只有严格落实地方党政领导责任、部门监管责任、企业主体责任，织密安全生产责任体系，才能有效防范遏制重特大事故。地方党政领导干部必须严格落实《地方党政领导干部安全生产责任制规定》，党政主要负责人是当地安全生产第一责任人，加强对安全生产工作的组织领导，定期研判安全生产形势，协调解决重点难点问题；其他领导干部抓好分管行业领域安全生产工作。有关部门要严格落实安全生产监管责任，依法对有关行业领域开展安全生产专项整治、安全生产监管执法等，从行业规划、产业政策、法规标准、行政许可等方面加强行业安全生产工作，并在职责范围内为安全生产工作提供支撑保障；对涉及部门多、监管链条长的问题实行"一件事"全链条治理。企业必须履行安全生产主体责任，企业主要负责人是企业安全生产第一责任人，所有层级、各类岗位从业人员都必须落实安全生产责任，建立健全全员安全生产责任制。

中央党校（国家行政学院）、应急管理部等部门联合举办全国金属冶炼企业落实安全生产主体责任视频培训班

重要论述

习近平总书记指出，"发展决不能以牺牲人的生命为代价。这必须作为一条不可逾越的红线"，"这个观念一定要非常明确、非常强烈、非常坚定"，各级党委和政府要"坚持党政同责、一岗双责、齐抓共管、失职追责，严格落实安全生产责任制"。习近平总书记强调，各级行业管理部门要"坚持管行业必须管安全、管业务必须管安全、管生产经营必须管安全"。习近平总书记要求，"所有企业都必须认真履行安全生产主体责任，做到安全投入到位、安全培训到位、基础管理到位、应急救援到位，确保安全生产。"

75 发生生产安全事故后，如何开展应急救援和责任追究？

发生生产安全事故后，生产经营单位应当立即启动事故应急救援预案，依法采取应急救援措施，并按有关规定报告事故情况。有关地方政府及其部门接到事故报告后，应当按规定上报事故情况，启动相应事故应急救援预案，视情况设立应急救援现场指挥部，代表本级政府组织开展事故应急处置工作。有关地方政府不能有效控制事故时，应当及时向上级政府报告，由上级政府统一指挥，有力有效应对处置，最大限度减少人员伤亡和财产损失。

发生生产安全事故，经事故调查确定为责任事故的，应当查明事故企业单位、有关地方党委政府、有关部门单位以及有关人员责任，由有关部门依规依纪依法追责。在事故调查中发现涉嫌犯罪的，应当及时移交司法机关处理。对于负有事故责任的国家工作人员，应当将相关问题线索及时移交纪检监察机关追责问责。事故调查报告批复后，对于负有事故责任的企业单位和有关人员，有关部门应当予以行政处罚。

> 典型案例

2023 年 1 月 15 日 13 时 25 分左右，辽宁盘锦浩业化工有限公司在烷基化装置水洗罐入口管道带压密封作业过程中发生爆炸着火事故，造成13人死亡、35人受伤。事故发生后，企业立即启动应急救援预案，组织人员疏散，全厂紧急停工，切断与火场有关的全部危险介质进出料管道。现场人员立即上报事故情况，省市县三级按程序逐级上报并积极开展应急救援，辽宁省委、省政府成立现场指挥部，组织开展抢险救援工作。应急管理部接到报告后立即作出部署，派出工作组赴现场指导救援工作，指派国家危险化学品应急救援抚顺石化队第一时间赶赴现场，经全面侦检、综合分析，尽快制订抢险救援方案，对周边球罐进行冷却防爆，确保了储罐安全。事故救援历时6天5夜共计117小时，没有发生次生事故，救援过程中救援行动配合工艺处置，及时消除了泄漏隐患，安全生产应急救援、消防等多支救援力量密切配合、优势互补，合力打赢了这场硬仗。经事故调查认定，本次事故是一起重大生产安全责任事故，依规依纪依法对相关责任人进行追责问责，其中对浩业化工有限公司董事长等14人追究刑事责任，对时任盘锦市委书记、市长、分管副市长等48人给予党纪、政务处理处分，对 3 家事故责任单位和 11 名责任人进行了行政处罚（合计罚款 5957 万元）。

国家危险化学品应急救援抚顺石化队临时指挥部深入辽宁盘锦"1·15"重大生产安全责任事故现场实地勘察，现场制订救援方案

我国有哪些防灾减灾法律制度？发生自然灾害时，群众如何做好应急避险？

我国防灾减灾法律法规制度很多，除了作为基础法、综合法的突发事件应对法之外，还有各类单灾种法律制度。包括：防洪法、防汛条例、抗旱条例等水旱灾害类法律法规；防震减灾法、破坏性地震应急条例、地震安全性评价管理条例等地震灾害类法律法规；气象法、气象灾害防御条例等气象灾害类法律法

崩塌发生时如何应急自救？

发生崩塌时，迅速向崩塌体两侧跑

滑坡发生时如何应急自救？

马上离开房屋，并快速逃离危险区

如在滑坡下方迅速向垂直滑动方向的两侧撤离

泥石流发生时如何应急自救？

连续降雨或暴雨时，不要在沟谷中停留

迅速向泥石流沟两侧跑离，切记不要顺沟向下跑

地质灾害应急自救方式

规；地质灾害防治条例等地质灾害类法律法规；森林防火条例、草原防火条例等森林草原防灭火类法律法规；海洋环境保护法等海洋灾害类法律法规；自然灾害救助条例等灾害救助类法律法规。

人民群众应及早掌握各类灾害防范自救互救技能，平时多参加有关灾害应急演练，及时关注气象、水利等部门发布的灾害预警信息，临灾时保持冷静，克服恐慌，积极有效应对。

如何提升基层防灾避险能力？

加强防灾避险能力建设，关键在基层。要严格落实《中共中央办公厅　国务院办公厅关于进一步提升基层应急管理能力的意见》，在地方党委政府的统一领导下，完善基层应急管理组织体系，依法赋予乡镇（街道）应急处置权，加强和规范基层综合性应急救援队伍建设。编制并动态修订上下衔接的乡镇(街道)

综合应急预案、专项应急预案和简明实用的村(社区)应急预案，常态化开展预案演练。及时开展安全隐患排查，建立受威胁区转移人员清单。健全灾害预警和应急响应联动机制，完善直达基层责任人的临灾预警"叫应"机制，建立专职或兼职信息员、报告员制度，开展村组风险隐患早期发现、报告和处置，灾害来临时果断组织避险转移，就近启用应急设施和避难场

所。深入推进安全宣传进企业、进农村、进社区、进学校、进家庭，普及灾害知识和防范应对技能。为防灾重点区域和高风险乡镇、村组配备必要装备，鼓励群众发现报告风险隐患并给予奖励，提升基层自救互救能力。

◎ 重要论述

2023 年 11 月 10 日，习近平总书记在北京、河北考察灾后恢复重建工作时指出："特别要完善城乡基层应急管理组织体系，提升基层防灾避险和自救互救能力。"

我国为什么要坚持厉行禁毒，依法严惩毒品犯罪？

毒品是万恶之源，是人类社会公害，不仅严重侵害人的身体健康、销蚀人的意志、破坏家庭幸福，而且严重消耗社会财富、毒化社会风气、污染社会环境，极易诱发一系列违法犯罪活动。近代以来，中国人民曾经饱受鸦片烟毒侵害，毒品曾给中华民族带来深重灾难。当前，国际毒潮持续泛滥，全球制造、走私、贩运、滥用毒品问题更加突出，境内与境外毒品问题相互交织、传统与新型毒品危害相互交织、网上与网下毒品蔓延相互交织，毒品问题的复杂程度和治理难度进一步加大。禁毒工作事关国家安危、民族兴衰、人民福祉，毒品一日不除，禁毒斗争就一日不能松懈。

必须坚持以人民为中心的发展思想，以对国家、对民族、对人民、对历史高度负责的态度，坚持厉行

禁毒方针，打好禁毒人民战争，深入开展禁毒严打整治专项行动，依法严厉打击整治各类毒品违法犯罪活动，最大限度减少毒品来源、毒品需求、毒品危害，切实增强人民群众的安全感和满意度。

什么是恐怖主义？公民在反恐怖主义上有什么法律义务？

恐怖主义是指通过暴力、破坏、恐吓等手段，制造社会恐慌、危害公共安全、侵犯人身财产，或者胁迫国家机关、国际组织，以实现其政治、意识形态等目的的主张和行为。公民在反恐怖主义上的法律义务主要有以下内容：

一是协助、配合有关部门开展反恐怖主义工作。如：积极配合安全检查，听从安检人员指挥，遇有需要查验身份证件时，提前准备好相关证件，确保快速通过；积极配合实名登记，积极配合参与反恐应急演练，不散布、不转发、不传看相关宣传品、音视频，并通过视频网站设立的"暴恐音视频举报专区"链接，或各类手机应用的违法举报入口进行举报。

二是报告义务。发现恐怖活动嫌疑或者恐怖活动嫌疑人员的，应当及时向公安机关或者有关部门报告。

三是保密义务。应当对在履行反恐怖主义工作职责、义务过程中知悉的国家秘密、商业秘密和个人隐私予以保密。

《中华人民共和国反恐怖主义法》

如何识破电信网络诈骗？

牢记"八个凡是"教你一眼识破电信网络诈骗：凡是要求垫付资金做任务的兼职刷单都是诈骗；凡是宣称有"内幕消息、专家指导、稳赚不赔、高额回报"的投资理财都是诈骗；凡是宣称"无抵押、无资质要求、低利率、放款快"的网贷广告，要求提供验证码或先交会员费、保证金、解冻费或者转账刷流水的都是诈骗；凡是自称电商、物流平台客服，主动以退款、理赔、退换为由，要求你提供银行卡和手机验证码的都是诈骗；凡是自称公检法工作人员，以涉嫌相关违法犯罪为由，要求你将资金打入"安全账户"的，都是诈骗；凡是自称"领导"主动申请添加 QQ、微信等社交账号，先嘘寒问暖关心工作，后以帮助亲属朋友为由让你转账汇款的都是诈骗；凡是以各种名义发送不明链接，让你输入银行卡号、手机验证码和各种密码的都是诈骗；凡是通过社交平台添加微信、

牢记八个凡是

防范电信网络诈骗

凡是
要求垫付资金做任务的兼职刷单，都是诈骗！

凡是
宣称有"内幕消息、专家指导、稳赚不赔、高额回报"的投资理财，都是诈骗！

凡是
宣称"无抵押、无资质要求、低利率、放款快"的网贷广告，要求提供验证码或先交会员费、保证金、解冻费或者转账刷流水的，都是诈骗！

凡是
自称电商、物流平台客服，主动以退款、理赔、退换为由，要求你提供银行卡和手机验证码的，都是诈骗！

凡是
自称公检法工作人员，以涉嫌相关违法犯罪为由，要求你将资金打入"安全账户"的，都是诈骗！

凡是
自称"领导"主动申请添加QQ、微信等社交账号，先嘘寒问暖关心工作，后以帮助亲属朋友为由让你转账汇款的，都是诈骗！

凡是
以各种名义发送不明链接，让你输入银行卡号、手机验证码和各种密码的，都是诈骗！

凡是
通过社交平台添加微信、QQ拉你入群，让你点击链接下载APP进行投资、退费的，都是诈骗！

远离电诈

牢记 **三不一多** 原则

未知链接**不**点击

陌生来电**不**轻信

个人信息**不**透露

转账汇款**多**核实

QQ拉你入群，让你点击链接下载APP进行投资、退费的都是诈骗。

公安机关提醒：远离电信网络诈骗牢记"三不一多"原则：未知链接不点击，陌生来电不轻信，个人信息不透露，转账汇款多核实。

如何防范传销犯罪？

近年来，传销犯罪披上了"社交电商""共享经济""互联网金融"等华丽的外衣，通过"观看视频广告赚钱""投资虚拟货币暴富"等五花八门的骗术，不断升级变换犯罪手法，使一些相信"天上掉馅饼"的人掉进陷阱中，最终导致参与者负债累累，甚至家破人亡。

无论传销组织以什么名义、打着什么旗号，我们都可以对照"三大特征"进行分析，据此判断是否属于传销组织：一是收取入门费。直接缴纳会员费，或者购买指定金额的商品，或者上缴一定数额投资款，才可加入组织，获得计提报酬和发展下线资格。二是拉人头。拉人加入并按照一定顺序组成层级。三是团队计酬。上线从直接或间接发展的人员数量或销售业绩中计提报酬。

公安机关提醒：广大群众要自觉抵制和远离传销活动，如若发现传销活动或者身陷传销组织，请及时拨打市场监管部门"12315"、公安机关"110"电话举报或求助。

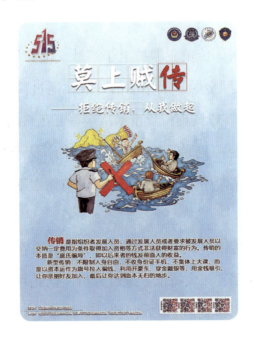

> 延伸阅读

　　注意识别传销犯罪常见形式，做好防范：一是投资理财型传销。打着"股权投资""外汇交易""虚拟货币"等旗号，攀附曲解金融创新和社会热点概念，以投资获得只涨不跌的高额收益为诱饵吸引群众参与的传销活动。二是网络购物交易型传销。打着"电子商务""消费返利""区域代理"等旗号，以"社交电商""分享经济""数字藏品""新零售"等为噱头，搭建网络购物交易平台，借助社交软件开展宣传推广的传销活动。三是游戏创业型传销。打着"网络游戏""网络兼职""居家创业"等旗号，以"做任务赚钱""打游戏赚钱""看视频赚钱"等为噱头，引诱群众参与观看视频、点击广告、虚拟养殖等传销活动。四是传统聚集型传销。打着"资本运作""连锁经营"等旗号，以"网络交友""旅游考察"等为噱头，引诱参与者聚集居住并大肆开展"洗脑"的传销活动。

> **典型案例**

　　2018 年 3 月以来，陈某等人租用海外服务器，在境外开发运营某网络传销平台。该平台以投资"外汇交易"可获取高额回报为诱饵，通过互联网宣传、线下培训和"经纪人"推荐等方式在境内进行推广，会员最少投资 1500 美元才可以获得加入和发展下线资格。平台设置四级会员级别，并按照直接或间接发展人员数量和投资金额设定保险佣金、交易佣金、工作室奖等 7 种动态返利制度，形成 32 层金字塔传销层级，至案发时已在全国多省份发展会员 97 万余名，涉及传销金额达 200 余亿元。2024 年 1 月，湖南省衡阳市雁峰区人民法院以组织、领导传销活动罪依法追究相关人员刑事责任。

82 **如何防范以"养老"为名的非法集资、诈骗违法犯罪？**

　　近年来，随着我国养老产业的快速发展，一些不法分子以提供"养老服务"、投资"养老项目"、销售"养老产品"、宣称"以房养老"、开展"养老帮扶"等名义从事非法集资、诈骗等活动，严重侵害老年群体合法权益。守好"钱袋子"，要做到以下几方面：

一是严防个人信息泄露。不要轻易向他人透露个人信息，包括通讯信息、家庭住址、财产状况、身份证件号码、账户密码等。不要点击陌生链接，特别是那些带有中奖、秒杀、抢红包、免费领奖、低价抢购等诱导性的链接。不要轻易将手机交给陌生人操作，定期更换并设置复杂的手机密码。

二是谨防各类新式骗局。许多养老诈骗之所以能成功，正是因为"高额利息""入股分红"等虚假话术的诱骗。对于"高收益、低风险"的项目，要提高警惕，切勿相信所谓的"熟人推荐"，更不要相信"可办理全国业务"的非正规金融机构。遇到可疑的投资项目，可以咨询相关金融监管部门并向家人朋友求助。

三是主动提升防骗意识。及时关注防范非法集资宣传活动，了解常见犯罪手法。投资前，应认真了解投资项目，并咨询专业人士的意见。不要轻易接听陌生号码来电，如遇到家人急需支付医疗费用、朋友急事求助之类的短信或电话，要多方确认、仔细核对。发现自己遭遇骗局后，要保持冷静，保留相关证据并及时向公安机关报警。

> **典型案例**

2017 年至 2022 年，曾某敬等人操纵成都某农牧发展有限公司、四川某老年人养护服务有限公司等，以提供养老服务为名向社会进行公开宣传，以预存服务费、缴纳入会储值的形式与老人签订康养合同，承诺上述资金三年期满返还，并承诺每年通过免费入住、消费补贴回购等形式进行返利。截至案发，犯罪团伙共向 4000 余人非法吸收资金 2.6 亿余元。2024 年 1 月，四川省成都市中级人民法院以非法吸收公众存款罪依法追究相关人员刑事责任。

 如何分级预防未成年人犯罪？

《中华人民共和国预防未成年人犯罪法》规定了对未成年人不良行为的干预、对严重不良行为的矫治、对重新犯罪的预防，分级预防未成年人犯罪。其中，对未成年人的不良行为，未成年人父母或者其他监护人应及时制止并加强管教；公安机关、居（村）民委员会应当督促其父母或者其他监护人依法履行监护职责。学校应当加强管理教育，对拒不改正或者情节严重的，可以视情处分或者采取训导等管理教育措施。对未成年人的严重不良行为，公安机关应当及时制止，依法调查处理，责令其父母或者其他监护人消除或者减轻违法后果，采取措施严加管教；也可根据情况采取训诫，责令赔礼道歉、赔偿损失，责令具结悔过，责令定期报告活动情况等矫治教育措施。对多次实施严重危害社会行为、危害社会行为情节恶劣、拒不接受或配合矫治教育措施的，可以经评估决定，送入专门学校接受专门教育。未成年人实施刑法规定的行为、因不满法定刑事责任年龄不予刑事处罚的，经专门教育指导委员会评估同意，教育行政部门会同公安机关可以决定对其进行专门矫治教育。未成年犯管教所、社区矫正机构应当对未成年犯、未成年社区矫正对象加强法治教育，对刑满释放的未成年人，其父母、学校、居（村）民委员会应当采取有效帮教措施，协助司法机关及有关部门做好安置帮教，防范其重新违法犯罪。

网络直播和短视频可能触碰的法律风险有哪些？

　　使用或者提供网络直播、短视频服务，如在网上制作、复制、发布、传播散布谣言，扰乱社会秩序，破坏社会稳定；散布淫秽、色情、赌博、暴力、凶杀、恐怖或者教唆犯罪；侮辱或者诽谤他人，侵害他人合法权益等法律法规禁止的信息内容，违反《中华人民共和国网络安全法》《中华人民共和国治安管理处罚法》《互联网信息服务管理办法》《网络信息内容生态治理规定》《网络音视频信息服务管理规定》《互联网直播服务管理规定》等法律法规的，由有关主管部门依据职责予以处置处罚；构成违反治安管理行为的，依法给予治安管理处罚；构成犯罪的，依法追究刑事责任。

❯ 典型案例

广东省广州市公安机关网安部门查明广州某传媒有限公司旗下成员聂某某（男，29 岁）、蒋某某（女，15 岁）、王某某（女，21 岁）等人为蹭热度吸引流量，由聂某某策划，蒋某某冒充网民"胖猫"女友谭某、王某某冒充谭某闺蜜，拍摄所谓谭某道歉视频，并通过网络平台公开发布，造成恶劣影响。目前，聂某某、王某某已被广东警方处理，对蒋某某处以行政拘留 10 日的处罚，并封禁涉案网络账号。

85 我国对枪爆等违禁物品互联网信息发布有什么规定？

我国严格管控通过互联网发布枪爆等管制物品信息。《中华人民共和国网络安全法》第四十六条规定，任何个人和组织不得设立用于实施诈骗，传授犯罪方法，制作或者销售违禁物品、管制物品等违法犯罪活动的网站、通讯群组，不得利用网络发布涉及实施诈骗，制作或者销售违禁物品、管制物品以及其他违法犯罪活动的信息。《中华人民共和国刑法》第二百八十七条规定，对具有《中华人民共和国网络安全法》第四十六条规定行为，情节严重的，处三年以下有期徒刑或者拘役，并处或者单处罚金。《互联网危险物品信息发布管理规定》明确，危险物品从业单位依法取得互联网相关许可或者备案后，仅可以在本单位网站发布危险物品信息，禁止个人在互联网上发布危险物品信息，禁止任何单位和个人在互联网上发布危险物品制造方法的信息。

《互联网危险物品信息发布管理规定》所称危险物品，是指枪支弹药、爆炸物品、剧毒化学品、易制爆危险化学品和其他危险化学品、放射性物品、核材料、管制器具等能够危及人身安全和财产安全的物品。所称危险物品从业单位，是指依法取得危险物品生产、经营、使用资质的单位以及从事危险物品相关工作的教学、科研、社会团体、中介机构等单位。

86 推进信访工作法治化的重要意义和目标任务是什么？

　　推进信访工作法治化，是贯彻落实习近平法治思想、习近平总书记关于加强和改进人民信访工作的重要思想的必然要求，是践行以人民为中心的发展思想的必然要求，是推进中国式现代化的必然要求，是贯彻落实《信访工作条例》等法律法规的必然要求，事关人民安居乐业、社会安定有序、国家长治久安，有利于进一步提升社会治理法治化水平、更好地维护群众合法权益。

信访工作法治化的总体要求和目标任务是，深入贯彻落实习近平总书记关于加强和改进人民信访工作的重要思想，按照"五个法治化""四个到位"要求，以打通"路线图"为关键，以解决"应受理而不受理、应办理而不办理、应追责而不追责、应查处而不查处"为重点，以督查督办和精准追责为抓手，以推进规范化、信息化、专业化建设为支撑，确保群众的每一项诉求都有人办理、群众的每一项诉求都依法推进，实现权责明、底数清、依法办、秩序好、群众满意。推进信访工作法治化，根本是把为人民服务落到实处，重点是职能部门履职尽责，关键是强化监督追责，基础是信息化建设，难点是自我革命。

  2024 年 7 月中央信访工作联席会议召开期间，与会人员到西安市信访局，观摩"一站式接收、一揽子调处、全链条解决"信访接待中心

〉重要论述

  2012 年 12 月 4 日，习近平总书记在首都各界纪念现行宪法公布施行 30 周年大会上指出："各级领导干部要提高运用法治思维和法治方式深化改革、推动发展、化解矛盾、维护稳定能力，努力推动形成办事依法、遇事找法、解决问题用法、化解矛盾靠法的良好法治环境，在法治轨道上推动各项工作。"

❯ 相关知识

　　加快推进信访工作法治化，具体任务是推进预防法治化、受理法治化、办理法治化、监督追责法治化、维护秩序法治化等"五个法治化"，做到信访部门分清性质、明确管辖、转办督办到位，职能部门对信访事项依照法律规定和程序按时处理到位，监督部门对滥用职权、玩忽职守的公职人员坚决问责到位，政法机关对相关违法犯罪行为及时依法处理到位。通过推进信访工作法治化，把《信访工作条例》和有关法律法规要求切实落到实处。

如何按照信访工作法治化
"路线图"依法依规信访？

　　《信访工作条例》及依法依规信访"路线图"对信访工作行为和群众信访行为进行"双向规范"，明确申诉求决类事项的提出和办理，按照"受理→调解→行政三级办理→法院两审终审→检察院法律监督→人大监督"的路线图进行。

　　信访人提出申诉求决类事项，有关机关、单位受理后先行调解，并将调解贯穿依法办理全过程，对信访人不愿调解或调解不成的，依照《信访工作条例》第三十一条规定办理。信访人对信访处理意见不服，可在规定期限内申请复查；对复查意见不服，可在规定期限内申请复核。信访人无正当理由未在规定期限内提出复查、复核申请的，视为行政三级办理终结。信访人走完信访事项处理、复查、复核程序依然不服且原有争议事项符合立案条件的，可向人民法院提起诉讼；经人民法院一审或两审终审后，如还不服，可依法提请再审，或向检察机关提出法律监督请求；人民法院、检察机关依法作出答复后仍不服的，可向有关人大机关反映。

❯ 相关知识

　　信访工作中，需要落实"三个不予受理"和"两个不再受理"规定，即：信访事项已经受理或正在办理，信访人在规定时限内向上级机关、单位又提出同一信访事项的，上级机关、单位不予受理；跨越有权处理的本级和上一级机关、单位走访提出申诉求决类事项的，上级机关、单位不予受理；属于审判机关、检察机关管辖，已经、正在和应通过审判机关诉讼程序或检察机关法律监督程序处理的事项，各级党委和政府信访部门和其他机关、单位不予受理。已经复核的信访事项，信访人仍以同一事实和理由反映的，各级党委和政府信访部门和其他机关、单位不再受理；已经依法终结的涉法涉诉信访事项，不再受理。要做实行政三级办理，打通"路线图"，形成"受理部门负责程序推进、办理部门负责实质解决"的工作格局。

提出信访事项的渠道有哪些？如何走好新时代网上群众路线？

　　根据《信访工作条例》规定，公民、法人或者其他组织可以采用信息网络、书信、电话、传真、走访等形式，向各级机关、单位反映情况，提出建议、意见或者投诉请求。为进一步畅通信访渠道，《信访工作条例》第十八条、第二十一条明确了信访渠道信息公开制度、领导干部处理信访事项制度、网上受理信访制度等。特别是网上受理信访制度，顺应新时代发展要求和群众新期待，已成为群众信访的重要渠道，各级领导干部走好网上群众路线的重要阵地，党和政府联系群众、服务群众、凝聚群众的重要平台。

　　走好新时代网上群众路线，要牢记初心使命，践行党的宗旨，善于运用网络做好了解民情、集中民智、维护民利、凝聚民心的工作，加强信访工作规范化、信息化、专业化、智能化建设，建立健全接诉即办、信息分析研判、监督评价考核、网上人民建议征集等制度机制，充分发挥网上信访公开透明、快捷高效、便于监督的独特优势，更好实现"数据多跑路、群众少跑腿"，更加高质高效解决群众合理诉求，维护好群众合法权益，促进社会和谐稳定。

》重要论述

2016年4月19日，习近平总书记在网络安全和信息化工作座谈会上指出："各级党政机关和领导干部要学会通过网络走群众路线，经常上网看看，潜潜水、聊聊天、发发声，了解群众所思所愿，收集好想法好建议，积极回应网民关切、解疑释惑。"

维护信访秩序有哪些规定?

　　维护信访秩序是所有信访活动参与人的共同责任。《信访工作条例》第五条、第十九条、第二十六条、第二十七条、第四十七条等都对维护信访秩序作出规定，明确对滋事扰序、缠访闹访和诬告陷害等行为依法进行处理。滋事扰序、缠访闹访，具体有《信访工作条例》第二十六条明确的"六个不得"行为；《信访工作条例》第四十七条第二款规定了滋事扰序、缠访闹访的法律责任；《信访工作条例》第十九条第二款明确信访人应当对其所提供材料内容的真实性负责，第四十七条第三款规定了捏造歪曲事实、诬告陷害他人的法律责任。

　　同时，刑法、治安管理处罚法等相关法律对信访活动中可能发生的扰乱社会秩序、妨害社会管理、危害公共安全等违法犯罪行为作了禁止性规定并明确相应处罚。扰乱或破坏信访秩序，依据情节轻重，将受到劝阻、教育或者批评、被采取现场处置措施、治安管理处罚等，直至追究刑事责任。

> **▶ 相关知识**

《信访工作条例》第十九条第二款规定，信访人提出信访事项，应当客观真实，对其所提供材料内容的真实性负责，不得捏造、歪曲事实，不得诬告、陷害他人。第二十六条规定，信访人在信访过程中应当遵守法律、法规，不得损害国家、社会、集体的利益和其他公民的合法权利，自觉维护社会公共秩序和信访秩序，不得有下列行为：（一）在机关、单位办公场所周围、公共场所非法聚集，围堵、冲击机关、单位，拦截公务车辆，或者堵塞、阻断交通；（二）携带危险物品、管制器具；（三）侮辱、殴打、威胁机关、单位工作人员，非法限制他人人身自由，或者毁坏财物；（四）在信访接待场所滞留、滋事，或者将生活不能自理的人弃留在信访接待场所；（五）煽动、串联、胁迫、以财物诱使、幕后操纵他人信访，或者以信访为名借机敛财；（六）其他扰乱公共秩序、妨害国家和公共安全的行为。

为推动疑难复杂信访问题解决，各级信访部门和有关机关、单位采取了哪些措施？

　　全国信访系统始终坚持以人民为中心，坚决扛起为民解难、为党分忧的政治责任，以最大力度推动疑难复杂信访问题解决，切实维护人民群众合法权益。近年来，信访系统深入推进信访问题源头治理和突出矛盾化解，开展"深化源头治理　化解信访矛盾"专项工作，以"应受理而不受理、应办理而不办理、应追责而不追责、应查处而不查处"问题为重点，开展专项督查和受理办理不规范信访事项集中督办等，压实职能部门责任，有效化解了一大批疑难复杂的信访难案。

　　各地区各有关部门用好党建引领基层治理协调机制、信访工作联席会议机制，加强资源整合和力量整合，深入开展矛盾纠纷排查化解，推动一大批"骨头案""钉子案"彻底解决。健全社会矛盾纠纷多元预防调处化解机制，坚持运用法治思维和法治方式，注重情、理、法并用，统筹行政、司法、社会等力量，多措并举、综合施策，有效化解疑难复杂问题，实现案结事了人和。加大对政策性问题分析研判，加强专题调研和政策供给，从政策层面推动问题成批化解。

湖南省衡阳市信访工作法治化评查分队对房屋拆迁信访事项进行现场评查

◆ 重要论述

　　2016年4月，习近平总书记就做好信访工作、妥善处理信访突出问题作出指示强调："当前群众通过信访渠道反映出来的信访突出问题，既有新动向，也有老难题，但都事关群众切身利益，事关社会和谐稳定。各地各部门要高度重视，强化责任担当，综合运用法律、政策、经济、行政等手段和教育、调解、疏导等办法，把群众合理合法的利益诉求解决好。"

91 什么类型的社会矛盾纠纷可以通过行政复议来化解？

依照《中华人民共和国行政复议法》规定，公民、法人或其他组织认为行政机关的行政行为侵犯其合法权益，可以向行政复议机关提出行政复议申请。也就是说，"民告官"的行政争议可以通过申请行政复议来化解。例如：公民、法人或其他组织对行政处罚、行政强制、行政许可、行政确权、征收征用决定、行政赔偿决定、工伤认定、侵犯经营自主权的行为、滥用行政权力排除或者限制竞争的行为、违法要求履行义务的行为、不依法履行保护职责的行为、不依法支付社会保障待遇的行为、行政协议、政府信息公开等引发的行政争议都可以通过申请行政复议来维护自身合法权益。

▶ 重要论述

　　2020 年 2 月 5 日，习近平总书记在中央全面依法治国委员会第三次会议上指出："发挥行政复议公正高效、便民为民的制度优势和化解行政争议的主渠道作用。"

92 全民普法在维护国家安全方面有何作用？如何开展全民国家安全教育日活动？

在全民普法中，通过组织开展国家安全普法宣传活动，广泛宣传普及国家安全法律知识，让社会公众充分了解国家安全的重要性，认识到维护国家安全是每个公民的责任和义务，提高依法维护国家安全的意识和能力。近年来，司法部、全国普法办每年都组织开展"4·15"全民国家安全教育日普法宣传活动。围绕国家工作人员、青少年等重点对象，通过组织开展国家安全法律知识网上答题、大学生法治宣讲等活动，制作发布海报、短视频、微电影、动漫、宣传片、图解等形式，广泛宣传普及国家安全法、反分裂国家法、国防法、反恐怖主义法、反间谍法、数据安全法、生物安全法、网络安全法、爱国主义教育法等国家安全相关法律法规，推动国家安全相关法律法规进农村、进社区、进校园、进机关、进企业、进军营、进网络，营造依法维护国家安全的浓厚氛围。

> 延伸阅读

《中华人民共和国国家安全法》第七十七条规定，公民和组织应当履行下列维护国家安全的义务：

（一）遵守宪法、法律法规关于国家安全的有关规定；

（二）及时报告危害国家安全活动的线索；

（三）如实提供所知悉的涉及危害国家安全活动的证据；

（四）为国家安全工作提供便利条件或者其他协助；

（五）向国家安全机关、公安机关和有关军事机关提供必要的支持和协助；

（六）保守所知悉的国家秘密；

（七）法律、行政法规规定的其他义务。

任何个人和组织不得有危害国家安全的行为，不得向危害国家安全的个人或者组织提供任何资助或者协助。

93 什么是"法律明白人"？"法律明白人"有何作用？

"法律明白人"是具有较好法治素养和一定法律知识、经过法治培训、能够积极开展法治宣传、带头参与基层法治实践的人员。目前，420万余名"法律明白人"扎根基层、立足乡土，深受群众信赖，发挥了以下作用：一是社情民意信息员，发挥人熟、地熟、事熟的优势，用好乡情、亲情、友情资源，协助党委、政府了解社情民意，收集群众的法律需求。二是政策法律宣传员，在群众中宣传党的政策和法律知识，提升基层群众法治意识。三是矛盾纠纷化解员，将矛盾纠纷化解与普法宣传结合起来，在矛盾纠纷化解中推动全民守法，在推动全民守法中化解矛盾纠

乡村"法律明白人"开展矛盾纠纷化解工作

纷。四是法治实践引导员，带领村（居）民依法参与基层社会事务管理，参与基层重大决策监督，帮助群众及时获得法律服务。

> **典型案例**

　　安徽省六安市叶集区洪集镇会馆村将全村6200余亩耕地集中流转，建立稻虾繁育基地，土地流转协议于2019年签订，随着经济社会发展，土地租金行情水涨船高，承包大户和农户之间土地租金矛盾纠纷频发。该村"法律明白人"李强，入户开展走访排查，摸清农户与承包大户诉求，向他们宣传相关法律法规和农村土地承包政策，坚持及时妥善化解矛盾纠纷和着眼长远发展相结合，多次组织土地流转双方进行座谈协商。最终双方达成了维护原合同的稳定性，待合同期满，按照周边地区土地流转标准提高租金进行续签的一致共识，有效平衡了土地流转双方的利益。

　　"法律明白人"作为一支群众身边的普法队伍，在及时了解、妥善化解基层矛盾纠纷方面有独特优势。本案中，"法律明白人"通过有效解决土地流转租金纠纷等乡村常见法律问题，既维护了当事各方合法权益，保障了农村经济发展，又以案释法，给群众上了一堂生动的法治课，传播了法律知识，收到了"调解一案、教育一片"的良好效果，为不断夯实基层依法治理根基、促进乡村振兴贡献了法治力量。

94 如何通过人民调解化解社会矛盾、维护社会安全稳定？

人民调解是在人民调解委员会的主持下，依照法律法规、国家政策及社会主义道德规范，对纠纷当事人进行说服规劝，促其彼此互谅互让，在自主自愿情况下达成协议，消除纷争的活动。人民调解工作由人民调解委员会负责，其主要设立在村民委员会、居民委员会、乡镇（街道）、企业事业单位和一些行业专业领域。人民调解员大多是熟悉当地情况或某一专业领域情况、为人公道正派、热心调解工作的人员。人民调解的范围包括但不限于婚姻家庭、邻里关系、山林土地、劳动争议、合同履行、损害赔偿，道路交通事故、医疗、物业、消费、旅游纠纷等人民群众生产生活中常见多发的矛盾纠纷。经人民调解委员会调解达成的调解协议具有法律约束力，双方当事人认为有必要的，可以自调解协议生效之日起三十日内共同向人民法院申请司法确认。人民调解不收取任何费用，调解的时间和地点根据当事人需求而定，调解主张

人民调解员主持调解矛盾纠纷

"和为贵"，能在解决纷争的同时，恢复和气、修复关系。

> **延伸阅读**

　　《中华人民共和国人民调解法》第三十三条规定，经人民调解委员会调解达成调解协议后，双方当事人认为有必要的，可以自调解协议生效之日起三十日内共同向人民法院申请司法确认，人民法院应当及时对调解协议进行审查，依法确认调解协议的效力。人民法院依法确认调解协议有效，一方当事人拒绝履行或者未全部履行的，对方当事人可以向人民法院申请强制执行。人民法院依法确认调解协议无效的，当事人可以通过人民调解方式变更原调解协议或者达成新的调解协议，也可以向人民法院提起诉讼。

95 什么是法律援助？

　　法律援助，是国家建立的为经济困难公民和符合法定条件的其他当事人无偿提供法律咨询、代理、刑事辩护等法律服务的制度，是公共法律服务体系的组成部分。法律援助的服务形式主要是：法律咨询、代拟法律文书、刑事辩护与代理、民事行政和国家赔偿案件的诉讼代理及非诉讼代理、值班律师法律帮助、劳动争议调解与仲裁代理等。参与提供法律援助的人员主要包括律师、基层法律服务工作者、法律援助志愿者等。在刑事方面，除人民法院、人民检察院、公安机关依法通知辩护或代理的情形外，犯罪嫌疑人、被告人和被害人因经济困难没有委托辩护人或代理人的，可以申请法律援助。在民事行政方面，符合法定事项范围和经济困难条件的申请人，可以获得法律援助。同时，因见义勇为行为主张相关民事权益等五种情形不受经济困难条件限制；申请支付劳动报酬或者请求工伤事故人身损害赔偿的进城务工人员等四类人员免予核查经济困难状况。

❯ 重要论述

2013年2月23日，习近平总书记在十八届中央政治局第四次集体学习时指出："要坚持司法为民，改进司法工作作风，通过热情服务，切实解决好老百姓打官司难问题，特别是要加大对困难群众维护合法权益的法律援助。"

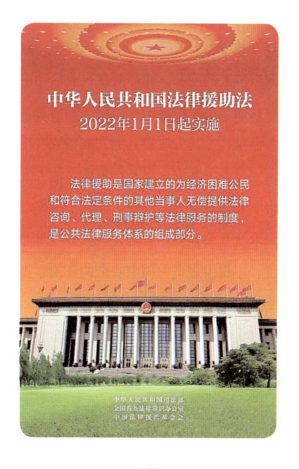

96 律师执业活动中在保守国家秘密、不得危害国家社会安全方面有哪些要求？

　　根据《中华人民共和国律师法》有关规定，律师应当保守在执业活动中知悉的国家秘密、商业秘密，不得泄露当事人的隐私。律师对在执业活动中知悉的委托人和其他人不愿泄露的有关情况和信息，应当予以保密。但是，委托人或者其他人准备或者正在实施危害国家安全、公共安全以及严重危害他人人身安全的犯罪事实和信息除外。同时，律师不得煽动、教唆当事人采取扰乱公共秩序、危害公共安全等非法手段解决争议，不得发表危害国家安全的言论，不得泄露国家秘密。

国家是如何教育改造罪犯的？

　　全国监狱系统坚持"惩罚与改造相结合，以改造人为宗旨"的工作方针，对罪犯依法监管，进行行为规范教育，努力将罪犯改造成为守法公民。根据改造需要，合理组织劳动，培养罪犯劳动技能，进行思想教育、文化教育、技术教育。对罪犯进行法治、道德、形势、政策、前途等内容的思想教育，进行爱国主义、集体主义教育，引导罪犯树立社会主义核心价值观，增强法治意识、纪律意识、道德意识，认罪服法，自觉接受改造。针对罪犯文化程度，分别开展扫盲、小学、初中文化教育，有条件的可以开展高中阶段教育，鼓励罪犯参加全国高等教育自学考试，经考试合格的，由教育部门发给相应的学业证书。根据经济社会发展和就业需要，组织罪犯参加职业技能培训，经考核合格的，由有关部门颁发相应证书。监狱对罪犯开展心理健康教育，必要时可以进行心理咨询、危机干预和心理矫治。国家机关、社会团体、企业事业组织和社会各界人士以及罪犯亲属协助做好罪犯改造工作，通过社会帮教、亲情帮教等形式提升改造效果。

监狱人民警察组织罪犯开展思想文化教育

> **延伸阅读**

　　依照刑法和刑事诉讼法的规定，被判处死刑缓期二年执行、无期徒刑、有期徒刑的罪犯，在监狱内执行刑罚。监狱人民警察依法管理监狱、执行刑罚、对罪犯进行教育改造等活动，受法律保护。教育改造罪犯，实行因人施教、分类教育、以理服人的原则，采取集体教育与个别教育相结合、狱内教育与社会教育相结合的方法。

98 人民法院如何以优质高效的司法工作定分止争？

人民法院坚持和发展新时代"枫桥经验"，"抓前端、治未病"，在立案、审判、执行各环节做实定分止争、实质解纷工作，坚决把中国特色社会主义司法制度的优越性落实到依法公正高效办理每一个案件上。在立案受理环节，坚持立案登记制不动摇，依法适用合并审理制度，打破民事诉讼和行政诉讼程序壁垒，促进矛盾纠纷一次性解决。在审理环节，围绕实质争议全面查明案件事实，依法及时裁判，尽量避免发回重审造成诉讼程序反复。同时，强化释法说理和判后答疑，做到既解"法结"又解"心结"，促进案结事了、政通人和。在执行环节，及时、规范采取财产保全、查控、处置和案款发放等措施，严把终本执行关口，促进最大程度兑现当事人的胜诉权利。

最高人民法院文件

法发〔2024〕16 号

最高人民法院
印发《关于在审判工作中促进提质增效 推动实质性
化解矛盾纠纷的指导意见》的通知

各省、自治区、直辖市高级人民法院，解放军军事法院，新疆维吾尔自治区高级人民法院生产建设兵团分院：

现将《最高人民法院关于在审判工作中促进提质增效 推动实质化解矛盾纠纷的指导意见》予以印发，请结合工作实际，认真参照执行。执行中遇到的问题，请及时报告最高人民法院。

2024 年 12 月 23 日

— 1 —

99 人民法院在依法惩治危害公共安全刑事犯罪方面开展了哪些工作?

党的十八大以来，以习近平同志为核心的党中央高度重视公共安全问题，把维护公共安全摆在更加突出的位置，作出了一系列重要部署。各级人民法院始终坚持以习近平新时代中国特色社会主义思想为指导，深入贯彻习近平法治思想，不断增强维护公共安全的责任感和使命感，充分发挥审判职能作用，依法惩治危害公共安全刑事犯罪，以审判工作现代化支撑和服务中国式现代化。依法审理了一批社会关注度高、人民群众反映强烈的案件。不断统一危害公共安全刑事案件裁判标准，出台司法解释和规范性文件，为各级司法机关提供办案指引，明确刑事政策要求，提升办案质效，努力实现类案同判。积极参与公共安全综合治理，通过举行新闻发布会、公开发布典型案例、裁判文书上网、建设人民法院案例库等方式，广泛深入开展法治宣传教育，推动形成全社会共同维护公共安全的良好氛围。

❯ 典型案例

　　2022 年 4 月 29 日，湖南省长沙市望城区一居民自建房发生倒塌事故。该自建房系长沙市望城区金山桥街道金坪社区盘树湾组村民吴治勇家民宅，因长期违法违规建设、改扩建和施工导致倒塌，造成 54 人死亡、9 人不同程度受伤，直接经济损失 9077 万余元。

法院经审理查明，吴治勇在未取得合法建设手续的情况下，雇请无设计资质人员龙天恺进行设计，雇请无施工资质人员薛现棕、任罗生违法违规建设、加层扩建房屋，将违法建筑出租用作餐饮、住宿等经营场所，在发现房屋重大安全隐患后未采取有效整改措施，在出现明显倒塌征兆的情况下仍未采取紧急避险疏散措施，造成重大伤亡事故和严重经济损失；吴治勇还伙同他人多次任意损毁他人财物，情节严重。湖南湘大工程检测有限公司和该公司股东谭华等 4 人及挂名检测人员刘登等 2 人对涉事自建房故意提供虚假证明文件。长沙市望城区原副区长周正茂、望城区城市管理和综合执法局执法大队金山桥中队原中队长冷经科、湖南省市场监督管理局认可与检验检测监督管理处原二级调研员谭晶、原湖南省检验检测机构资质认定能力评价评审员喻进辉和司炳艳玩忽职守，周正茂还有受贿行为。

2024 年 10 月 17 日，长沙市望城区人民法院、宁乡市人民法院对此次事故涉及刑事案件一审公开宣判，对吴治勇以重大责任事故罪、寻衅滋事罪并罚，判处有期徒刑十一年；对龙天恺、薛现棕、任罗生以重大责任事故罪分别判处六年六个月至六年不等有期徒刑。以提供虚假证明文件罪判处湖南湘大工程检测有限公司罚金人民币一百万元，对谭华等6人分别判处四年九个月至二年九个月不等有期徒刑，均并处罚金、从业禁止终身。对周正茂以玩忽职守罪、受贿罪并罚，判处有期徒刑十二年，并处罚金；对冷经科、谭晶、喻进辉和司炳艳以玩忽职守罪分别判处五年六个月至三年九个月不等有期徒刑。

"4·29"特别重大居民自建房倒塌事故案庭审现场

100 越来越多的矛盾纠纷进入人民法院，这些矛盾纠纷是否全部通过审判方式解决？

在我国纠纷解决体系当中，调解是人民法院解决纠纷的重要手段，司法调解是与审判相并行的法院行使审判权的法定方式之一，贯穿诉讼活动全程。《中华人民共和国民事诉讼法》《中华人民共和国行政诉讼法》《中华人民共和国刑事诉讼法》均规定了司法调解制度。司法调解较之审判方式，具有及时、高效、便捷、不伤和气等优势。目前，人民法院广泛邀请社会各界参与调解工作，形成类型丰富的解纷"菜单库"。对于进入法院的矛盾纠纷，人民法院可以在征得当事人同意后，自行组织调解或者委托人民调解、行政调解、行业性专业性调解开展化解工作，大大提高解纷质效。

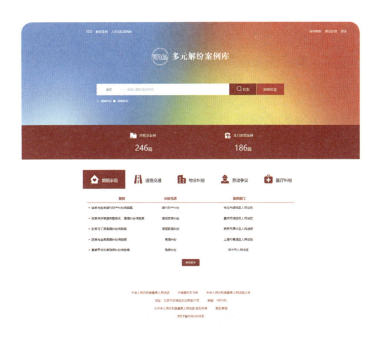

多元解纷案例库

> **重要论述**

　　2020 年 11 月 16 日，习近平总书记在中央全面依法治国工作会议上指出："法治建设既要抓末端、治已病，更要抓前端、治未病。我国国情决定了我们不能成为'诉讼大国'。我国有 14 亿人口，大大小小的事都要打官司，那必然不堪重负！要推动更多法治力量向引导和疏导端用力，完善预防性法律制度，坚持和发展新时代'枫桥经验'，完善社会矛盾纠纷多元预防调处化解综合机制，更加重视基层基础工作，充分发挥共建共治共享在基层的作用，推进市域社会治理现代化，促进社会和谐稳定。"

101 人民检察院如何发挥法律监督职能作用，维护社会公平正义，促进国家长治久安？

检察机关维护社会公平正义，促进国家长治久安，主要是通过履行"四大检察"职能实现的。

在刑事检察方面，通过履行审查逮捕、审查起诉等职能，依法打击严重暴力犯罪、黑恶势力犯罪、经济金融犯罪等各类犯罪，确保有罪者受到公正追诉，避免无辜者被错误追究；依法监督刑事立案和侦查活动、刑事审判活动及监狱、看守所和社区矫正机构执法活动，确保刑事诉讼全程公平公正。

在民事检察方面，依法监督民事审判活动和生效民事裁判执行，监督纠正虚假诉讼，开展民事支持起诉，依法维护民生民利。

在行政检察方面，依法监督行政审判活动和生效行政裁判执行，依法稳妥开展行政违法行为监督，推动行政处罚和刑事处罚双向衔接，促进法治政府建设。

在公益诉讼检察方面，对生态环境破坏、食品药品安全问题、国有财产流失等损害公共利益的行为依法提起公益诉讼，督促行政机关依法履行职责，维护社会公共利益。

另外，检察机关还通过开展检察侦查工作，依法查办司法工作人员利用职权实施的徇私枉法、滥用职权、刑讯逼供等犯罪，坚决惩治司法腐败，维护公平正义。

★ "四大检察"法律监督格局 ★

宪法第一百三十四条：中华人民共和国人民检察院是**国家的法律监督机关**

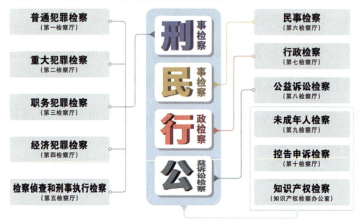

普通犯罪检察
（第一检察厅）

重大犯罪检察
（第二检察厅）

职务犯罪检察
（第三检察厅）

经济犯罪检察
（第四检察厅）

检察侦查和刑事执行检察
（第五检察厅）

刑事检察

民事检察

行政检察

公益诉讼检察

民事检察
（第六检察厅）

行政检察
（第七检察厅）

公益诉讼检察
（第八检察厅）

未成年人检察
（第九检察厅）

控告申诉检察
（第十检察厅）

知识产权检察
（知识产权检察办公室）

★ 检察机关"八大职权" ★

人民检察院组织法第二十条：人民检察院行使下列职权

立案侦查	审查逮捕	审查起诉	公益诉讼
依照法律规定对有关刑事案件行使侦查权	对刑事案件进行审查批准或者决定是否逮捕犯罪嫌疑人	对刑事案件进行审查决定是否提起公诉对决定提起公诉的案件支持公诉	依照法律规定提起公益诉讼
诉讼监督	**执行监督**	**监管执法监督**	**其他**
对刑事、民事、行政诉讼活动实行法律监督	对判决、裁定等生效法律文书的执行工作实行法律监督	对监狱、看守所的执法活动实行法律监督	法律规定的其他职权

102 人民检察院如何在维护未成年人权益、保障未成年人健康成长上发挥作用？

　　未成年人是国家的未来、民族的希望，其健康成长关乎社会的稳定与发展。人民检察院作为国家法律监督机关，在维护未成年人权益、保障未成年人健康成长方面肩负着重要使命。一是从严打击侵害未成年人犯罪。坚持"零容忍"态度，严厉惩治各类侵害未成年人犯罪。通过持续促推入职查询、从业禁止、强制报告等制度落实，进一步加强对各类侵害未成年人犯罪的预防。加强未成年被害人关爱救助。二是依法惩治和预防未成年人犯罪。贯彻宽严相济刑事政策，坚持"宽容不纵容"理念，根据未成年人的犯罪性质、主观恶性、危害后果不同，采取惩戒教育措施。综合运用司法办案、法治教育、分级干预、协同共治等举措，推进惩治和预防未成年人犯罪工作，遏制涉未成年人犯罪上升势头。三是深化未成年人检察综合履职。通过对未成年人违法犯罪或受到侵害案件暴露出的涉未成年人民事权益保障、行政监管以及公益保护等多领域存在的综合责任落实问题，开展未成年人刑事、民事、行政、公益诉讼"四大检察"综合履职，全面保护未成年人合法权益。四是以检察司法保护为切入点，持续推进家庭、学校、社会、网络、政府、司法"六大保护"落地落实，为维护未成年人权益、保障未成年人健康成长创造良好社会环境。

2024 年 6 月，湖南省耒阳市检察院监督相关部门依法履职，督促辖区网吧等场所落实强制报告制度

103　什么是公益诉讼制度？人民检察院如何通过公益诉讼维护公共利益？

　　公益诉讼是指国家规定的机关和法律规定的组织，依法针对侵害国家利益和社会公共利益的违法行为，向法院提起诉讼的制度。当前，检察机关已成为我国公益诉讼的主体，检察公益诉讼制度已成为中国特色社会主义法治体系的重要组成部分。在行政公益诉讼中，检察机关针对负有监督管理职责的行政机关违法行使职权或者不作为，致使国家利益或者社会公共利益受到侵害的情形，先以磋商或检察建议等方式督促其依法履职自行纠错；如果行政机关仍不依法履行职责的，则向人民法院提起诉讼。民事公益诉讼中，在没有法律规定的机关或组织提起诉讼或者法律规定的机关或组织不提起诉讼的情况下，检察机关则向人民法院提起诉讼。

❯ 延伸阅读

　　经过 10 年发展，检察公益诉讼已成为习近平法治思想的标识性概念、原创性成果。法定办案领域也从制度建立之初的生态环境和资源保护、食品药品安全、国有财产保护、国有土地使用权出让等 4 个法定领域，逐步拓展到英烈保护、未成年人保护、安全生产、个人信息保护、军人地位和权益保障、农产品质量安全、反垄断、反电信网络诈骗、妇女权益保障、无障碍环境建设、文物和文化遗产保护等 11 个法定领域，形成 "4+11+N" 的履职格局，在社会治理领域的地位和作用也愈发凸显，丰富了国家治理体系和治理能力现代化的内容。

104 公民和组织在反间谍工作中应当承担哪些义务？

　　中华人民共和国公民有维护国家安全、荣誉和利益的义务，不得有危害国家安全、荣誉和利益的行为。一切国家机关和武装力量、各政党和各人民团体、企业事业组织和其他社会组织，都有防范、制止间谍行为，维护国家安全的义务。国家机关、人民团体、企业事业组织和其他社会组织承担本单位反间谍安全防范工作的主体责任，落实反间谍安全防范措施，对本单位的人员进行维护国家安全的教育，动员、组织本单位的人员防范、制止间谍行为。任何公民和组织都应当依法支持、协助反间谍工作、保守所知悉的国家秘密和反间谍工作秘密；发现间谍行为，应当及时向国家安全机关举报，向公安机关等其他国家机关、组织举报的，相关国家机关、组织应当立即移送国家安全机关处理。任何个人和组织都不得非法获取、持有属于国家秘密的文件、数据、资料、物品，不得非法生产、销售、持有间谍活动特殊需要的专用间谍器材。在国家安全机关调查了解有关间谍行为的情况、收集有关证据时，有关个人和组织应当如实提供，不得拒绝。

❯ 重要论述

2016 年 4 月 15 日首个全民国家安全教育日到来之际，习近平总书记作出指示强调："要坚持国家安全一切为了人民、一切依靠人民，动员全党全社会共同努力，汇聚起维护国家安全的强大力量，夯实国家安全的社会基础，防范化解各类安全风险，不断提高人民群众的安全感、幸福感。"

2017 年 2 月 17 日，习近平总书记在国家安全工作座谈会上指出："国家安全工作归根结底是保障人民利益，要坚持国家安全一切为了人民、一切依靠人民，为群众安居乐业提供坚强保障。"

105 什么是国家安全人民防线？

国家安全人民防线是党领导的为维护国家安全和利益，维护社会政治稳定，开展隐蔽战线斗争，由国家安全机关和各级组织、人民群众组成的社会防御体系，是党的群众路线在隐蔽战线的具体实践，是依靠党的政治优势、政权优势、治理优势克敌制胜的重要法宝。人民防线具备三大特征，即坚持党的领导，党委（党组）主要负责同志是第一责任人；坚持专群结合，国家安全机关协助各级党委（党组）加强人民防线建设，履行反间防谍指导监督责任；突出保核心、保要害、保重点，聚焦党政机关、国防科研军工、重要企事业单位及驻外机构等重点部位，落实反间谍安全防范措施。

"12339"公民举报是广大公民和组织对涉及危害国家安全行为的可疑情况线索通过电话、网络、信访等渠道向国家安全机关进行举报的行为。国家安全部开通了统一的国家安全机关举报受理电话"12339"和国家安全机关举报受理平台（www.12339.gov.cn）。

❯ 重要论述

党的二十大报告指出："全面加强国家安全教育，提高各级领导干部统筹发展和安全能力，增强全民国家安全意识和素养，筑牢国家安全人民防线。"

> **典型案例**

　　2022 年春节前夕，陈某通过国家安全机关举报受理平台 www.12339.gov.cn 举报，称其同乡赵某向境外出卖涉密文件。面对被举报人的威胁，陈某秉持国家大义，义无反顾举报危害国家安全行为，协助国家安全机关破获重大间谍案。国家安全机关依据《中华人民共和国反间谍法》《公民举报危害国家安全行为奖励办法》有关规定，对其给予重大贡献表彰奖励。同时，当地见义勇为基金会授予陈某"见义勇为先进个人"称号。

篇三

积极建设更高水平平安中国

106 如何坚持高质量发展和高水平安全良性互动？

　　坚持高质量发展和高水平安全良性互动，应当做到：一是以高质量发展促进高水平安全。要以新发展理念引领改革，完善推动高质量发展激励约束机制，塑造发展新动能新优势，为高水平安全提供更为坚实的物质和技术基础。二是以高水平安全保障高质量发展。新征程上，社会安全稳定问题更加复杂、艰巨，亟须增强维护社会安全能力，提高公共安全治理水平，完善社会治理体系，建设更高水平的平安中国，从而以新安全格局保障新发展格局。三是着力提高统筹发展和安全的能力。坚持发展和安全协调推进，促进彼此支撑、深度融合，使发展成就可期、安全风险可控。

> ◆ 延伸阅读

　　党的二十届三中全会通过的《中共中央关于进

一步全面深化改革、推进中国式现代化的决定》指出："国家安全是中国式现代化行稳致远的重要基础。必须全面贯彻总体国家安全观，完善维护国家安全体制机制，实现高质量发展和高水平安全良性互动，切实保障国家长治久安。"

107 如何完善法治社会建设机制，为社会安全稳定进一步筑牢法治基础？

深入贯彻落实习近平法治思想，坚持法治国家、法治政府、法治社会一体建设，重点从三个方面完善推进法治社会建设机制，弘扬社会主义法治精神，推动全社会尊法学法守法用法，为社会安全稳定进一步筑牢法治基础。

一是健全覆盖城乡的公共法律服务体系，有效满足人民群众日益增长的高品质、多元化法律服务需求。尽快建成覆盖全业务、全时空的法律服务网络，深化律师制度、公证体制、仲裁制度、调解制度、司法鉴定管理体制改革。加强对欠发达地区法律服务业发展的扶持，推动法律服务、法律援助与科技创新手段深度融合，提升法律服务质效。二是改进法治宣传教育，推进全社会增强法治观念。深入宣传中国特色社会主义法律体系，把法治教育纳入干部教育、国民教育、社会教育体系，完善普法责任制，实施公民法治素养提升行动，以实践为导向办好法学教育。三是加强未成年人权益保护，强化未成年人犯罪预防和治理。以保障未成年人享有权利、全面健康成长为出发点和落脚点，坚持思想道德教育和权益维护保障相融合，全方位构建家庭、学校、社会、网络、政府、司法六位一体的新时代未成年人保护工作格局。深入推进依法治网，严厉打击未成年人违法犯罪行为；制定专门矫治教育规定，健全完善科学的专门教育体系。

> ◗ **延伸阅读**

《法治社会建设实施纲要（2020—2025 年）》指出，

法治社会建设主要原则为："坚持党的集中统一领导；坚持以中国特色社会主义法治理论为指导；坚持以人民为中心；坚持尊重和维护宪法法律权威；坚持法律面前人人平等；坚持权利与义务相统一；坚持法治、德治、自治相结合；坚持社会治理共建共治共享。"

108 健全社会治理体系主要有哪些任务？

党的二十届三中全会通过的《中共中央关于进一步全面深化改革、推进中国式现代化的决定》，对健全社会治理体系的重点任务作出了具体部署。包括：坚持和发展新时代"枫桥经验"，健全党组织领导的自治、法治、德治相结合的城乡基层治理体系，完善共建共治共享的社会治理制度。探索建立全国统一的人口管理制度。健全社会工作体制机制，加强党建引领基层治理，加强社会工作者队伍建设，推动志愿服务体系建设。推进信访工作法治化。提高市域社会治理能力，强化市民热线等公共服务平台功能，健全"高效办成一件事"重点事项清单管理机制和常态化推进机制。健全社会心理服务体系和危机干预机制。健全发挥家庭家教家风建设在基层治理中作用的机制。深化行业协会商会改革。健全社会组织管理制度。健全乡镇（街道）职责和权力、资源相匹配制度，加强乡镇（街道）服务管理力量。完善社会治安整体防控体系，健全扫黑除恶常态化机制，依法严惩群众反映强烈的违法犯罪活动。

109 健全完善公共安全治理机制有哪些任务？

公共安全是国家安全的重要体现，是人民群众身边的国家安全。维护公共安全，必须完善公共安全治理机制。一是健全重大突发公共事件处置保障体系。加强应急物资保障体系建设，提高公共安全治理科学化、专业化、智能化、精细化水平。二是完善大安全大应急框架下应急指挥机制。进一步健全统一指挥、专常兼备、反应灵敏、上下联动的应急管理体制和综合协调、分类管理、分级负责、属地管理为主的工作体系。健全党委领导、政府负责、部门联动、军地联合、社会协同、公众参与、科技支撑、法治保障的治理体系，形成公共安全治理合力。三是强化基层应急基础和力量，完善基层应急管理工作机制，推动形成隐患排查、风险识别、监测预警、及时处置闭环管理。健全基层应急管理保障机制，加大基础性投入，配齐配强应急救援力量。强化对基层干部的教育培训，提升社会公众风险防范意识和自救互救能力。四是提高防灾减灾救灾能力。坚持安全第一、预防为主，以增强灾害风险监测识别能力为重点，强化防灾减灾救灾能力建设，提升自然灾害综合防范能力。

> **❯ 重要论述**

党的二十大报告指出："提高公共安全治理水平。坚持安全第一、预防为主，建立大安全大应急框架，完善公共安全体系，推动公共安全治理模式向事前预防转型。推进安全生产风险专项整治，加强重点行业、重点领域安全监管。提高防灾减灾救灾和重大突发公共事件处置保障能力，加强国家区域应急力量建设。"

110 为什么要推进综治中心规范化建设？综治中心规范化建设有哪些要求？

推进省市县乡四级综治中心建设，是 2019 年《中国共产党政法工作条例》提出的明确要求，经过多年的建设和发展，全国各级综治中心建成率已达 90% 以上，已基本解决"有没有"的问题，现在的关键是"规范不规范"的问题。当前，各部门都有解决群众矛盾诉求的平台，但力量分散、合力不够，一定程度导致群众"反复跑、来回跑"。2024 年 11 月，中央政法委会同最高人民法院等 12 部门联合印发《关于加强社会治安综合治理中心规范化建设的意见》，进一步明确综治中心是立足政法职能，推动各部门依法履职、形成合力，开展矛盾纠纷预防化解和协助推动社会治安风险防控的重要工作平台。

要按照整合资源、方便群众、运用法治、注重实效的要求，全力推进综治中心规范化建设，统筹诉讼服务中心、检察服务中心、公共法律服务中心、信访

2023 年 10 月，辽宁省大连市中华路街道相关工作人员在综治中心搭建沟通平台，成功化解居民欠缴物业费纠纷

接待中心等有关功能，全流程完善群众诉求的登记、受理、办理、督办等工作，实现对群众各类矛盾诉求的"一站式受理、一揽子调处、全链条解决"，真正做到矛盾纠纷化解"最多跑一地"。

如何积极应对人口老龄化给社会安全稳定带来的风险挑战？

　　主动塑造社会安全稳定态势，有效应对人口老龄化问题带来的诸多风险挑战。一是完善人口监测体系。跟踪人口变动态势，准确评估生育政策效果，研判人口中长期发展态势，及早发现问题，适时优化调整应对举措。二是坚持和发展新时代"枫桥经验"。常态化开展矛盾纠纷排查化解，畅通诉求表达、利益协调、权益保障通道，做深做实做细群众工作，有效预防化解人口老龄化相关矛盾纠纷。三是加强老年人和妇女儿童合法权益保障。健全未成年人关爱服务体系，加强对单人户、空巢老人、留守儿童、失独家庭关心帮扶力度。保持对拐卖（骗）、伤害、虐待妇女儿童等案件的严打高压态势，严厉打击侵害老年人合法权益违法犯罪活动。四是建设老年友好型社会。推进适老化改造，建设老年友好社区、老年友好城市。把积极老龄观、健康老龄化理念融入经济社会发展全过程，形成责任共担、人人参与的新局面。

> **延伸阅读**

　　老龄化是推进中国式现代化必须面对的重大课题。我国老年人口规模大，老龄化速度快，应对人口老龄化任务重。截至2024年底，全国60岁及以上老年人口已达到3.1亿、占总人口的22%，其中65岁及以上老年人口2.2亿、占总人口的15.6%。按国际有关标准，我国已进入中度老龄化社会。

112　健全网络综合治理体系需要把握哪些重点？

当前，网络建设和管理任务更加艰巨繁重，迫切要求进一步健全网络综合治理体系。

一是健全互联网领导体制和工作协调机制。加快完善党委领导、政府管理、企业履责、社会监督、网民自律等多主体参与，法律、经济、技术等多种手段相结合的网络综合治理格局。

二是整合网络内容建设和管理职能。完善网上舆论引导工作机制，健全舆论风险防范机制，切实维护网络意识形态安全和政治安全。健全网络生态治理长效机制，针对人民群众反映强烈的网络乱象问题进行集中整治。

三是综合运用法律、经济、技术等多种手段。持续推进网络空间法治建设，健全网络法律法规。完善对网络违法主体的法律责任制度。加强技术管网体系建设，提升技术治网能力和水平。

四是更好统筹网络发展和安全。把促进网络健康发展作为加强网络综合治理的根本目的，强化网络平台分级分类管理，管好影响力大、用户数多的网络新技术新应用，完善生成式人工智能发展和管理机制。

113 新时代城市管理执法理念和方式是什么？

新时代城市管理执法应当全面践行人民城市理念，始终坚持以人民为中心的发展思想，秉承"执法为民、服务为先"，落实严格规范公正文明执法的要求，聚焦人民群众急难愁盼，通过提升执法质效不断提高人民群众的获得感、幸福感和安全感，促进社会和谐稳定。在执法方式上，一是要注重强化服务。坚持"721"工作法，即70%的问题用服务手段解决、20%的问题用管理手段解决、10%的问题用执法手段解决，寓管理于服务中，变被动管理为主动服务，变末端执法为源头治理，让城市管理执法既有力度，也有温度。二是要注重规范执法。严格遵循法定程序，坚持以事实为依据、以法律为准绳，做到以法为据、以理服人，持续提升执法规范化水平。三是要注重科技赋能。以科技创新破解城管执法难题，充分运用技术手段创新执法方式，不断丰富非现场执法场景，提高执法效能。

》 重要论述

　　2020年11月16日，习近平总书记在中央全面依法治国工作会议上指出："行政执法工作面广量大，一头连着政府，一头连着群众，直接关系群众对党和政府的信任、对法治的信心。要推进严格规范公正文明执法，提高司法公信力。"

114

如何促进医疗、医保、医药协同发展和治理，为社会安全稳定奠定"健康基石"？

必须坚持以人民健康为中心，探索建立统一高效的政策协同、信息联通、监管联动机制，促进医疗、医保、医药（简称"三医"）协同发展和治理。一是强化政策协同。医疗方面重点推动医疗卫生服务供给侧改革，突出医疗卫生服务公益性、增强适配性、提高可及性，持续为群众提供优质高效的服务。医保方面重点提高基本医疗保障能力，同时推动完善多层次医疗保障体系并促进有序衔接，合力减轻老百姓费用负担。医药方面重点促进医药创新发展，强化药品生产流通使用全流程改革和监管，保障质量安全和保供稳价，让群众用上更多疗效好、质量优的放心药。二是加强信息联通共享，提高协同治理、运行评价等决策和服务能力。三是加强监管协同联动，建立健全综合监管督察机制，探索建立联动监管平台，推动形成"三医"标准统一、相互衔接、协同配合的监管格局。

为什么建设更高水平的平安校园是实现社会安全、民心稳定的重要举措？平安校园建设重点包括哪些方面？

建设更高水平的平安校园是维护社会安全稳定的重要环节，是落实国家安全战略的具体体现。应当牢固树立"校园安全无小事"理念，坚持系统治理、综合治理、依法治理、源头治理，全力补短板、除隐患、严监管、抓落实，坚决守牢校园安全底线，为教育事业高质量发展夯实安全底座，为社会和谐稳定筑牢稳固基石。

第一，完善安全管理制度。完善校园安全管理制度，明确责任主体和具体职责，做到全链条、全方位、全覆盖。定期开展校园安全隐患排查，最大限度减少发生校园安全事故风险。

第二，强化校园治安防控。通过人防、物防、技防"三防"建设，提升校园治安防控综合能力，加强对外来人员的身份核验和登记管理，防止不明身份人员进入校园。

第三，高效应对突发事件。常态化开展消防演练、反恐防暴演练、自然灾害演练，详细制定应对各类突发事件的应急预案，提高全体师生的安全意识和自防自救、互助互救能力。

第四，重视心理健康安全。开展心理健康教育，设立心理咨询室，提供心理咨询、心理评估等服务，保障学生身心健康发展，及时发现心理问题并进行介入、疏导与帮扶。

第五，加强网络安全管理。强化校园网络安全防护，防范黑客攻击和个人隐私信息泄露等安全问题。增强师生网络安全意识，通过开展主题教育活动等提高师生安全防范意识，避免受到网络诈骗、网络暴力等不法行为的侵害。

校园消防演练

> 典型案例

　　强化安防措施，打造安全保障体系。校园安全人防、物防、技防"三防"至关重要。山东等一些省市的中小学校通过配备专职保安，对校园进行24小时值守监控，组织教师值班，学生协管，做到"校园安全，人人参与"。湖南省、河南省等地在事故多发水域设立安全巡视员或监督管理员，加强巡查管理，消除安全隐患。湖北省、贵州省等地加大投入，加固改造中小学及幼儿园校舍、围墙；建立校园警务室，配置橡胶保安棍、强光手电筒、防刺背心等安保设施设备；在校外事故多发路段及水域设置警示标牌、安全隔离带、防护栏，构筑"安全防范网"，从物防等硬件上保证校园安全。天津市强化"人防"安全措施，严格落实平安校园建设领导责任制、部门责任制、工作责任制；签订责任书，将责任层层分解，做到"一岗双责"，任务到人，每个员工都有责任，都是管理者。还有一些地市为中小学、幼儿园安装视频监控、周界报警、网络报警及红外线报警装置，在技术防范上不断"升级"，确保了关键部位监控"全天候""无死角"。

116 如何加强灵活就业和新就业形态劳动者权益保障？

灵活就业和新就业形态是重要的就业"蓄水池"。

加强灵活就业和新就业形态劳动者权益保障，有利于促进劳动者体面劳动和高质量充分就业。一是持续提升就业服务质量。落实支持多渠道灵活就业的政策措施，加强零工市场规范化建设，完善服务功能，强化灵活就业人员岗位信息对接，支持劳动者通过线上线下实现多渠道就业。健全培训措施，支持劳动者就业和提升职业技能。稳步提高公共服务保障水平，改善劳动者工作和生活条件。二是强化企业用工指导。加强法律政策宣传、用工行政指导和监督，持续推动维护新就业形态劳动者权益政策措施落地。积极推行新就业形态系列指引指南，引导平台企业及合作企业与劳动者依法订立劳动合同、书面协议，合理确定劳动报酬，科学安排工作时间，公平制定平台劳动规则，不断提高企业依法合规用工水平。三是优化完善社会保险制度。在总结经验的基础上持续完善相关政策，扩大职业伤害保障试点范围。积极畅通灵活就业人员在就业地参加职工养老保险渠道，研究完善相关办法，提升参保和待遇享受的便捷度。四是畅通劳动者纠纷调解渠道。加强与人民调解、司法调解联动，对劳动报酬、休息、职业伤害等新就业形态劳动纠纷，开展一站式联合调解服务。加强部门联合监督检查，及时受理劳动者举报投诉，协调处理有关矛盾纠纷，依法查处侵害劳动者权益的违法行为，切实维护劳动者合法权益。

❯ 延伸阅读

　　新就业形态劳动者维护权益渠道：一是通过企业内部劳动纠纷化解机制维护权益。新就业形态劳动者认为自身劳动权益受到侵害时，可优先与企业协商解决，也可请工会或第三方组织共同与企业协商解决；平台企业成立内部劳动纠纷调解委员会的，新就业形态劳动者可向企业劳动纠纷调解委员会提出。二是通过相关部门机构维护权益。新就业形态劳动者与企业发生纠纷，可向人民调解委员会和各级各类专业性劳动争议调解组织申请调解。调解不当或当事人不愿调解，符合劳动争议受案范围的，可向实际工作地的劳动争议仲裁机构申请劳动争议仲裁。不符合劳动争议受案范围的，新就业形态劳动者可向人民法院起诉；符合劳动保障监察职权范围的事项，可向人力资源社会保障行政部门举报投诉。三是通过工会维护权益。新就业形态劳动者认为平台企业、平台用工合作企业侵犯自身劳动权益，申请劳动争议仲裁或者向人民法院提起诉讼的，可向工会组织申请法律援助等服务，也可就近在工会组织等建立的服务站点申请协调解决权益维护等问题。新就业形态劳动者在生活和工作中遇到困难，可向所在工会组织或当地工会组织请求予以支持和帮助。

防范涉众型非法金融活动，守住不发生系统性金融风险底线，都有哪些举措？

各地区各相关部门要全面贯彻党的二十大精神，深入落实中央金融工作会议部署，建立健全统筹协调、齐抓共管、横向到边、纵向到底的工作机制，依法将各类金融活动全部纳入监管，推进非法金融活动系统治理、依法治理、源头治理、综合施策。

一是落实各方责任。各相关部门坚决落实"管合法更要管非法""管行业必须管风险"要求，各地区落实属地责任，发挥防范和打击非法金融活动部际联席会议组织协调、指导督促作用，协同开展防范和打击非法金融活动工作。

二是健全源头治理体系。坚持金融特许经营、持牌经营原则，杜绝金融领域"无照驾驶"。推进全国非法金融活动监测预警体系建设，充分利用大数据等技术开展非法金融活动风险监测和预警提示。将非法金融活动监测预警机制纳入社会治安综合治理体系。

三是全方位加强防非宣传教育。进一步推动防范非法金融活动宣传教育进社区、进农村、进校园、进单位、进金融机构网点。通过法律政策解读、典型案例剖析、投资风险教育等方式，增强群众防范意识和识别能力。同时，鼓励群众积极举报涉嫌非法金融活动线索。

❯ 重要论述

　　2023 年 10 月 30 日，习近平总书记在中央金融工作会议上指出："对非法金融活动要群防群治，及时发现认定，果断出手，打早打小，斩草除根。"

118 如何强化基层应急基础和力量，有效提升基层应急管理能力？

　　基层治理是国家治理的基石。强化基层应急基础和力量，是党的二十届三中全会部署的一项重要改革任务。要认真贯彻落实《中共中央办公厅、国务院办公厅关于进一步提升基层应急管理能力的意见》，不断提升基层应急管理组织指挥能力、安全风险防范能力、应急救援队伍实战能力、应急处置能力、应急管理支撑保障能力，更加注重加强党对应急管理工作的全面领导，更加注重坚持人民至上、生命至上，更加注重推动公共安全治理模式向事前预防转型，更加注重筑牢防灾减灾救灾的人民防线。各地区应当按照省负总责、市县抓落实，结合实际、因地制宜，将基层应急管理能力建设与重点工作统筹谋划推进，实施好增发国债自然灾害应急能力提升工程等项目，不断夯实应急基层基础，切实构筑保障人民群众生命财产安全和维护社会稳定的第一道防线。

湖北省武汉市经开区军山街道凤凰苑社区应急服务站

❯ 典型案例

为了强化基层应急能力建设，应急管理部认真贯彻落实2023年8月17日中央政治局常委会会议部署，紧紧抓住增发国债支持灾后恢复重建和提升防灾减灾救灾能力的重大机遇，推动将自然灾害应急能力提升工程纳入2023年增发国债支持范围。其中，针对基层救援力量薄弱等问题，在全面掌握自然灾害重点地区和中高风险地区基层救援队伍建设现状基础上，立足防大灾、抢大险，坚持极限思维、底线思维，系统谋划形成基层防灾项目实施方案，明确项目实施的总体布局、建设标准、装备目录和投资测算，并组织指导各地应急管理部门做好项目申报工作。通过国债资金支持全国200余个市、2000余个县的应急救援队伍购置专业救援装备。通过基层防灾项目的实施，大幅提升了基层应急救援队伍装备保障水平和先期处置能力，夯实筑牢了基层防灾减灾救灾基础。项目购置的很多装备在2024年海南"摩羯"台风、2025年西藏定日地震等一系列重大救援行动中发挥了关键作用，大大降低了灾害损失。

2025 年 1 月 7 日西藏自治区定日县发生地震后，基层应急救援队伍第一时间利用基层防灾项目配备的装备开展救援工作

119 如何共筑反恐防范安全防线？

安全源于你我，反恐人人有责。日常生活中，进入车站、机场、影剧院等场所时的安全检查，购票乘坐交通工具、使用物流快递、租赁机动车、上网等场景的实名登记，都离不开公众的支持与配合。其中，安全检查能发现危险物品，目的是保障每个人的人身、财产安全。实名制在及时发现可疑、消除涉恐隐患方面，发挥着十分重要的作用。这些"举手之劳"对全社会防范恐怖袭击具有重要意义，能够有效震慑阻止恐怖分子策划、准备及实施恐怖袭击活动。面对凶残的暴恐分子，这是一场不讲规则、没有底线、完全不对等的战斗。一旦意识到身边可能发生暴恐事件，要首先确保自身安全，及时报警。另外，应当掌握一定的应急知识和技能，积极参与反恐应急演练，了解发生暴恐事件时应当采取的必要行动，加快反应速度，有效躲避危险，共筑安全防线。

《公民反恐防范手册（2021年版）》

 **如何强化社会治安整体防控？**

　　强化社会治安整体防控，应当在顶层设计和工作实践中不断推进社会治安整体防控体系和能力现代化。一要完善整体防控布局，圈层过滤风险隐患、多维打造安防单元、全面加强要素治理。二要提升防控实战能力，重点是提升经济社会安全发展保障能力、违法犯罪打击防范能力、社会稳定风险化解能力、公共安全监管能力以及非传统领域安全防范能力。三要优化运行机制，健全会商研判、指挥调度、应急处置、回溯检视等机制。四要强化支撑保障，特别是强化组织保障、强化法治保障、强化科技支撑。五要落实整体防控责任，明确党政、政法机关、部门、单位

和社会组织各方责任。

121　信访工作如何坚持和发展新时代"枫桥经验"?

　　信访工作坚持和发展新时代"枫桥经验",应做到立足预防、立足调解、立足法治、立足基层。重视基层基础,推动工作重心下移、资源下投、力量下沉,将矛盾纠纷发现在早、防范在先、处置在小;完善矛盾纠纷多元化解机制,充分发挥调解作用,把矛盾隐患化解在产生信访问题之前;落实重大决策社会稳定风险评估制度,防止在决策、审批等前端环节因工作不当产生社会矛盾;建立重大决策信访评估信息公开机制,把群众参与和社会调查贯穿风险评估全过程,提高科学民主决策水平。自 2023 年起,信访系统部署开展信访问题源头治理三年攻坚行动,大量矛盾纠纷化解在基层和萌芽状态。

福建省石狮市灵秀镇"电商枫桥"调解室调处电商从业人员劳动争议

> ❯ **重要论述**

2013 年 10 月，习近平总书记就坚持和发展"枫桥经验"作出指示强调："各级党委和政府要充分认识'枫桥经验'的重大意义，发扬优良作风，适应时代要求，创新群众工作方法，善于运用法治思维和法治方式解决涉及群众切身利益的矛盾和问题，把'枫桥经验'坚持好、发展好，把党的群众路线坚持好、贯彻好。"

122 如何做到执法司法各环节全过程在有效制约监督下运行，确保严格执法、公正司法？

　　确保执法司法各环节全过程在有效制约监督下运行，需要把握以下五点。一是科学合理配置执法司法各环节的权力和责任，确保各机关权力定位准确、权力边界清晰、权力和责任相统一，形成系统完备、科学规范、运行有效的执法司法权力和责任体系。二是把相互制约和监督的要求落实到执法司法权力运行的程序规则之中，推动制约监督进入程序、形成"闭环"，切实把权力关进制度的笼子，确保每一个环节的权力运行都处在有效的制约监督之下。三是健全执法司法权力运行的信息共享机制，确保各执法司法机关能够及时有效获取自身权力运行和开展相互制约监督所需的信息。四是不断增强执法司法工作人员自觉接受制约监督的意识，养成自觉接受制约监督、善于乐于在制约监督中开展工作的良好作风。五是同步加强党内监督、人大监督、民主监督、社会监督、舆论监督等各方面监督，更加有效地规范执法司法行为。

> **延伸阅读**

　　2024年2月，中共中央办公厅、国务院办公厅印发《关于加强行政执法协调监督工作体系建设的意见》（以下简称《意见》），对加强新时代行政执法协调监督（以下简称"行政执法监督"）工作作出系统部署。

　　《意见》要求，要健全行政执法监督工作体制机制，推动行政执法监督与其他各类监督有机贯通、相互协调。司法行政部门作为政府行政执法监督机构，代表本级政府承担行政执法监督具体事务。县级以上政府部门在本级政府司法行政部门指导下，负责指导监督本行政区域内主管行业的行政执法工作。要完善行政执法监督法规制度体系，推进行政执法监督立法，健全行政执法监督工作制度，完善行政执法行为规范，健全行政执法管理制度。要严格履行行政执法监督职能，开展行政执法常态化监督，抓好行政执法专项监督，可根据工作需要对重要法律、法规、规章的执行情况组织开展行政执法检查，强化涉企行政执法监督，强化对行政执法工作的综合协调，做好对跨领域跨部门综合行政执法改革以及基层综合行政执法改革的指导工作。要充分运用行政执法监督结果，拓宽行政执法监督渠道，加强行政执法监督信息线索的汇集统筹。

123 人民法院如何助力建设更高水平平安中国？

坚持以习近平新时代中国特色社会主义思想为指导，深入贯彻习近平法治思想，全面贯彻总体国家安全观，落实统筹发展和安全要求。坚决维护国家政治安全，严惩各种渗透颠覆破坏、暴力恐怖、民族分裂、宗教极端等犯罪，坚定维护国家政权安全、制度安全、意识形态安全。坚决维护社会安全稳定，妥善

化解各类重大风险，加强改进涉诉信访工作。加强社
会治安综合治理，依法严惩严重暴力犯罪，常态化开
展扫黑除恶斗争，依法惩治信息网络犯罪、毒品类犯
罪，持续深化"扫黄打非"工作。维护公共安全，依
法惩治危害食品药品安全犯罪，依法打击危害生产安
全犯罪。推进市域社会治理，服务保障经济社会健康
发展，促进乡村振兴和区域协调发展。加强重点人群
工作，规范"减假暂"案件办理，加强未成年人权益
保护，打击整治养老诈骗犯罪。

124 人民检察院如何助力建设更高水平平安中国？

人民检察院始终坚持从政治上着眼、从法治上着
力，以更高质量检察履职推进更高水平平安中国建
设。一是强化惩治犯罪职能，更加有力维护稳定促进
发展。依法履行批捕、起诉等职能，严厉打击敌对势
力渗透、破坏、颠覆、分裂活动。全力投入扫黑除恶

专项斗争，从严惩治严重暴力犯罪，铲除黑恶势力滋生土壤。依法惩治经济金融领域犯罪，守好经济、金融安全法治防线。二是保护人民群众合法权益，推动社会治理。依法惩治危害安全生产、危害食药安全、破坏环境资源等犯罪，加强民生司法保障。严厉打击侵害特定群体权益犯罪，推动解决相关社会治理问题。加强被害人司法救助，推动堵漏立制，防范化解风险。践行新时代"枫桥经验"，实质性化解矛盾纠纷。三是强化法律监督职能，维护司法公平正义。全面强化诉讼监督，纠正有案不立、违法立案、侦查活动违法等问题，保障刑事诉讼活动依法规范进行；纠正裁判不公、虚假诉讼等问题，维护司法权威和当事人合法权益。大力查办司法人员徇私枉法等犯罪，解决好法治领域人民群众反映强烈的突出问题，维护公平正义。

二维码索引

 《中小学幼儿园安全管理办法》 /075

 《中小学、幼儿园安全防范要求》 /076

 《中小学心理健康教育指导纲要（2012 年修订）》 /080

 《中华人民共和国突发事件应对法》 /120

 《中华人民共和国反恐怖主义法》 /132

 《公民反恐防范手册（2021 年版）》 /220

后　记

　　社会安全是国家安全的重要组成部分，是基础和保障。党的二十大报告指出国家安全是民族复兴的根基，社会稳定是国家强盛的前提。党的二十届三中全会通过的《中共中央关于进一步全面深化改革、推进中国式现代化的决定》将完善公共安全治理机制、健全社会治理体系纳入推进国家安全体系和能力现代化的重要改革任务。习近平总书记对维护社会安全稳定高度重视，作出一系列重要指示批示，强调强化风险意识、底线思维，注重源头治理，要求压实维护社会安全稳定责任，发动全社会一起来做好维护社会稳定工作。为推动学习贯彻总体国家安全观走深走实，引导广大干部群众增强维护社会安全稳定的意识和素养，积极营造全党全社会共同维护社会安全稳定的良好局面，中央和国家机关有关部门组织编写了本书。

本书由中央政法委牵头，中央网信办、最高人民检察院、最高人民法院、教育部、公安部、国家安全部、司法部、人力资源社会保障部、住房城乡建设部、交通运输部、国家卫健委、退役军人事务部、应急管理部、市场监管总局、金融监管总局、国家信访局共同编写。

书中如有疏漏和不足之处，还请广大读者提出宝贵意见。

编　者

2025 年 3 月

责任编辑：任　哲

责任校对：任　校

图书在版编目（CIP）数据

国家社会安全知识百问 ／《国家社会安全知识百问》编写组著 . -- 北京 ： 人民出版社，2025. 4.

ISBN 978－7－01－027235－1

Ⅰ . D631-44

中国国家版本馆 CIP 数据核字第 2025CE6187 号

国家社会安全知识百问

GUOJIA SHEHUI ANQUAN ZHISHI BAIWEN

本书编写组

人民出版社出版发行

（100706　北京市东城区隆福寺街 99 号）

北京尚唐印刷包装有限公司印刷　新华书店经销

2025 年 4 月第 1 版　2025 年 4 月北京第 1 次印刷

开本：880 毫米 ×1230 毫米 1/32　印张：7.875

字数：110 千字

ISBN 978－7－01－027235－1　定价：39.00 元

邮购地址 100706　北京市东城区隆福寺街 99 号

人民东方图书销售中心　电话（010）65250042　65289539